JN409872

# 그리운 자작나무

**국립중앙도서관 출판시도서목록(CIP)**

그리운 자작나무 : 조낭희 산문집 / 글쓴이: 조낭희, 서울 : 북랜드, 2012
p. 240 ; 152×205cm

ISBN 978-89-7787-566-1 03810 : ₩ 10000

한국 현대 문학 [韓國現代文學]

818-KDC5
895, 785-DDC21 CIP2012004673

조낭희 산문집

# 그리운 자작나무

**인쇄** | 2012년 10월 10일
**발행** | 2012년 10월 15일

**글쓴이** | 조낭희

**펴낸이** | 장호병
**펴낸곳** | 북랜드
135-936 서울 강남구 역삼동 832-7 황화빌딩 1108호
대표전화 (02) 732-4574
팩시밀리 (02) 734-4574

**등 록 일** | 1999년 11월 11일
**등록번호** | 제13-615호
**홈페이지** | www.bookland.co.kr
**이-메일** | bookland@hanmail.net

**주 간** | 곽홍렬
**편 집** | 김인옥
**영 업** | 최성진



ISBN 978-89-7787-566-1 03810

**값 12,000원**

# 그리운 자작나무

조낭희 산문집

북랜드

# 책머리에

여름의 끝자락에서 삶을 돌아봅니다.

누구나 그러하듯이 순간순간 치열한 삶의 연속이었습니다. 아름답고 따뜻한 기억들의 여정 속에서도 방황과 고뇌, 아픔이 따라 다녔던 것 같습니다. 나이 지천명에 이르러서야 그 충만한 허무 안에서도 주어지는 감사와 평화 그리고 여유와 친해지는 법을 알게 되었습니다. 그것은 세월이 제게 안겨준 소중한 결실입니다.

잠을 이루지 못하고 뒤척였던 수많은 날들, 때로는 기쁘고 때로는 아파서 뿌렸던 눈물들, 무심히 도시 속을 서성이던 바람까지도 고마운 철학이었습니다. 때문에 제 안에 갇혀서 고독하게 살아왔던 날들과 따뜻한 인연들이 가져다 준 고마움을 풀어내야겠다고 용기를 내게 되었습니다.

다만 글 쓰는 일을 숙명처럼 여기며 살아오지 않았기에 책을 내는 일이 무척 조심스럽고 부끄럽습니다.

감성이 풍부하여 즉흥적이거나 절제력이 모자란 저를 이해와 사랑으로 지켜봐 주신 가족과 주변인들에게 이 한 권의 책으로 고마움을 전합니다. 숱하게 뿌려놓은 말들이 저를 위한 부질없는 위안에 그칠지라도 너그러이 이해해 주시기를 부탁드립니다.

장대비 뿌려대는 여름에

조낭희

그리운 자작나무

# 차례

# 2 인연과 소중함
relation & appreciation

## 3 여행과 자유
travel & freedom

## 4 일상과 사유
daily life & reflection

## 5 독서와 즐거움
reading & pleasure

# 1
# 추억과 그리움
recollections & yearning

# 개망초

할머니의 산소가 있는 언덕에는 개망초 축제가 한창이다. 넋을 놓고 바라보다 허리까지 자란 꽃대를 조심스럽게 헤쳐가며 비탈길을 오른다. 갑작스러운 소요에 나비가 날갯짓을 하며 달아난다. 걸음을 옮길 때마다 봉긋이 솟은 할머니의 유택이 서서히 모습을 드러낸다. 꽁꽁 언 땅속으로 이사를 하던 이태 전 겨울의 모습은 간 곳이 없다.

할머니는 유난히 꽃을 좋아하셨다. 제비꽃이 다문다문 피어 있을 거라 생각했는데 싱싱하게 물이 오른 잔디 지붕이 싱그럽다. 개망초 무리에 둘러싸여 계시는 할머니를 불러 보았다. 대답 대신 투명한 햇살 아래 꽃들이 온화한 몸짓으로 웃는다.

어릴 때부터 보고 자라서인지 개망초는 그리 낯설거나 특별한 꽃이 아니었다. 무명치마를 두른 평범한 아낙처럼 있는 듯 없는 듯 관심 밖에서 저 혼자 피고 졌다. 너무 흔해서 정겨울 때도 있지만 버려진 땅이면 아무 데나 자리를 잡는 통에 기품이 없어 보이기도 했다. 더구나 귀화식물이라는 걸 알고부터는 꽃보다 잡초라는 이미지가 훨씬 강하게 풍겨오던 천덕꾸러기였다. 넓지도 않은 산야를 잠식하며 세를 넓혀 가는 제국주의 같은 꽃.

개망초로 인해 우리 야생화가 자리를 잃어간다는 우려의 목소리가 높아갈수록 나는 혼란스러워졌다. 옛 친구를 만난 것처럼 반가우면서도 쉽게 받아들일 수 없는 또 다른 자의식과 싸워야 했다. 짐짓 지각있는 사람으로 행세하려고 스스로 최면을 걸었는지 모른다. 아무튼 개망초를 싫어하는 게 도리일 것만 같았다.

미자네가 처음 우리 마을에 자리를 잡을 무렵에도 개망초가 흐드러지게 피었는지 알 수는 없다. 고루할 만큼 반상을 따지길 좋아하던 집성촌에 미자네는 그 흔한 택호나 비탈진 논배미 하나 없이 빈손으로 시작했다. 작은 산소가 있고 개망초가 무리지어 피는 양지마을에 미자네 집이 있었다. 언제나 대빗자루 자국이 선명했던 마당. 가난하지만 한낮의 빈집은 눈이 부실 정도로 정갈하고 평온해 보였다. 높은 담장이 없었지만 내 가슴을 마구 뛰게 만들던 양지마을의 맨 끝 집이었다. 나는 가끔 인기척이 없는 마당을 살쾡이마냥 가로질러 다니곤 했다.

양반이란 자존심 하나로 말도 많고 탈도 많던 동네에서 그들은 근본 없고 본데없다는 소리를 듣지 않으려 그랬는지 참으로 묵묵하고 성실했다. 누구보다도 궂은 일에 앞장을 설 줄 아는 경우 바른 사람들이었지만 중요한 일에서는 소외감을 느꼈을지도 모른다. 단지 타성이라는 그 이유 하나만으로 외로웠을 내 고향의 이웃 미자네.

학창 시절 야유회를 가는 길에 소도시 기차역 앞에서 과일 행상을 하는 미자 엄마를 본 적이 있다. 시원스런 생김새와 활달한 목소리는 십수 년이 지났건만 그대로였다. 하지만 나는 선뜻 반가움을 표하지 못했다. 일행을 의식하지 않고 정분을 나눌 만큼 소탈하지 못한 성격 탓도 있지만, 부모 덕으로 일찍 도시로 나온 내 신분이 허영처럼 느껴졌기 때문이다. 순간적으로 고개를 돌리고 그 자리를 떠났다.

다정하게 안부라도 물었어야 할 나이에 어찌 그다지도 철없이 행동했는지 그 일만 떠올리면 얼굴이 화끈거린다. 동갑내기 미자가 초등학교만 졸업하고 진정한 노동의 가치를 익히러 대처로 떠난 걸 생각하면 나는 한없이 부끄럽고 초라해지는 것이다. 마치 내 신분이 그들을 힘들게 한 것처럼 가슴 한켠이 옥죄어 왔다. 내 기억 속의 영상들을 떠올리면 나는 지금도 한 송이 개망초가 되고 싶다.

개망초가 토해내는 하얀 아픔이 보인다. 낯설고 물선 환경에서 살아남기 위해 혼신의 힘으로 뿌리를 내렸을 그 고단한 삶. 귀화식물이란 꼬리표 때문에 강인할 수밖에 없었고, 또 그로 인해 슬픈 운명으로 살아가야 하는 꽃. 이 땅에 정착하기까지 길고 긴 투쟁과 고독을 생각하니 밉기는커녕 대견하다.

개망초 꽃잎 위로 펼쳐진 하늘을 올려다보았다. 높고 눈이 시리다. 대수롭지 않게 여겼던 유년의 기억들이 섬세한 햇살 속으로 흩어지면서 일제히 나뭇잎이 반짝인다. 개망초에 묻혀 할머니께 큰절을 올렸다. 움직일 때마다 개망초가 쓰러진다. 내가 떠나고 나면 할머니는 개망초 쓰러진 자리만큼 허전하시리라.

생전에 할머니가 반상을 가리지 않고 유독 미자 엄마를 좋아하셨기 때문일까. 지금은 개망초가 할머니의 가장 친한 벗이 되었다. 서울 어딘가에서 큰 피혁공장을 하며 잘 살아가고 있다는 미자가 보고 싶다. 분명 그녀는 특유의 소탈함으로 나를 반겨 주리라. 하지만 어린 시절 나도 모르게 아픔과 상처를 심어주었을 것만 같아 용기가 나지 않는다. 황무지를 수놓는 개망초 앞에 서면 그녀가 생각난다.

신작로로 이어지는 한적한 내리막길까지 개망초의 숲이 물결친다. 나는 꽃들의 배웅을 받으며 천천히 걸음을 옮긴다. 그리고 속죄한다. 환한 미소 속에 얼룩진 눈물자국, 그것은 개망초의 강렬한 존재 의식이란 것을 비로소 깨달았기 때문이다.

《영남수필》 35집, 2003년

# 안테나가 고장나다

해마다 겨울은 긴장감으로 살아 있었다. 동안거에 들어간 나목들은 눈부신 생명력을 뿜어내고 겨울바람은 날카롭게 절규했다. 그것이 겨울이 주는 매력이었다. 그렇게 변함없이 반복될 거라 의심치 않았던 계절이 올해는 낯선 모습으로 우리 앞을 서성인다. 온화한 햇살 아래에서 겨울이 앓고 있다.

변화에 익숙하지 못한 습성 때문이었을까? 동공이 풀린 겨울의 한가운데에서 나도 지독한 독감에게 발목을 잡히고 말았다. 눈코 뜰 새 없이 바쁜 일과 속에 맥없이 누워 있어야 하는 참담함, 그것은 균형을 잃었음을 의미한다. 쑤셔오는 삭신보다 더 나를 힘들게 한 것은 한 주를, 한 달을, 일 년을 거슬러 오르다 맞닥뜨린 내 삶의 무질서함 때문이었다.

확장된 욕심 속에는 움켜 쥔 것이 너무 많았다. 삶의 열정이며 진취성이라 이름 붙였던 것들이 목표 없는 방황에 지나지 않는다는 것을 느낀다. 그런데도 나는 무턱대고 바빴다. 볼썽사납게 비대해진 과욕들은 이미 내 생활 속에 군살처럼 밀착되어 있다. 세월은 현실적인 가치에 쉽게 유혹을 받도록 만들었고 정신은 남루하다.

끊임없이 바쁘게 살아가는 사람은 근원적인 불안 증세를 앓고 있는 자라고 누군가 말했다. 생의 한가운데서, 어쩌면 또 다른 방향으로의 전환점이 될 수 있는 분기점에서 나는 심하게 앓고 있다. 삶의 수신 장치가 고장 났음을 알리는 신호이다. 고뇌하며 살아가라고 운명지어진 듯, 이 아픔은 거부할 수 없는 주술과 같은 힘을 가졌다.

며칠 째 운신도 못하고 누워 있던 어느 날 새벽, 마른 비질소리가 들린다. 시멘트 바닥을 거칠게 훑는 플라스틱 빗자루의 건조한 마찰음이 새벽공기를 흔든다. 모처럼 듣는 반가운 소리다. 나는 눈을 감은 채 아파트 마당을 쓸고 있을 누군가를 상상한다.

숲에서 날아든 마른 나뭇잎이나 쓰레기들 사이로 맑은 새소리도 간간이 쓸려가고 있다. 환경 미화원이 출근도 하지 않은 이 시간에 누가 마당을 쓰는 것일까? 오늘은 아파트 마당이 더 눈부실 것 같다. 불규칙하고 투박한 소리지만 모르는 이의 마음이 전해져서 새벽이 더없이 포근하다.

어린 시절 마당을 쓰는 비질 소리는 하루의 시작을 의미했다. 힘 좋은 머슴이 비질을 하면 몰려오는 아침잠까지 걷어가 버리곤 했다. 간간이 휘파람 소리가 섞여 나오면 그가 기분이 좋다는 것을 의미했고, 유난히 비질 소리가 거칠면 심기가 불편하다는 무언의 저항이기도 했다.

하지만 할아버지의 비질 소리는 달랐다. 부드러우면서도 아늑했으며 빗자루 끝에 새벽 공기가 감겨드는 운치가 있었다. 그 소리에서 안온하고 신선한 새벽이 열리곤 했다. 그런 날은 하루의 출발이 즐거웠다. 아침상 앞에 앉은 할아버지의 얼굴은 환해 보였고 새로운 의욕에 차있음이 느껴졌다. 머슴이 둘이나 있을 때도 할아버지는 손수 그 일을 하셨다. 이른 새벽 마당을 쓰는 일은 깊은 밤에 일기를 쓰는 마지막 일과 절묘하게 조화를 이루었다.

할아버지의 그 두 가지 '쓰는' 일은 숙명과 같았다. 삶에 질서를 잡고 영혼에 윤기를 내는 작업이기 때문이었을까. 할아버지는 아흔의 세월을 채우고 노환이 오자, 며칠 동안 곡기를 끊고 미련없이 세상을 떠나셨다. 하늘나라로 가시는 얼굴엔 미소가 번져 있었다고 식구들은 경이로워 했다. 삶은 결코 투쟁이 아니라고 말씀하셨듯이…….

싸리비의 결이 은은하게 살아있던 마당에 대한 기억이 사라지지 않는 한 내 유년은 아름다울 것이다. 더 이상 만날 수 없는 할아버지와 마당에 대한 압축된 기억이 영화 필름처럼 돌아가다 멈춘다.

갑자기 집 안 곳곳에 숨어있던 먼지가 신경을 자극한다. 완전히 낫지도 않은 몸을 이끌고 대청소를 시작한다. 싸리비 대신 요란한 청소기가 윙윙 방마다 돌고 걸레가 지나간다. 촉감 좋은 마룻바닥을 맨발로 돌아다니며 삶은 투쟁이 아니라고 되뇐다. 새로운 기운들이 물결치듯 출렁인다.

할아버지에게는 마당을 쓰는 일이, 내게는 육체적인 아픔을 통해 삶을 성찰하는 일이 필연인지 모른다. 아픔은 반성이며 희망이다. 앓고 나면 육체는 치명적이리만큼 쇠잔해지지만, 그 앞에 펼쳐진 세상과 삶은 새롭고 경이롭다.

유난히 힘들었던 독감과 비실비실 앓고 있던 겨울은 갔다. 고장난 삶의 안테나를 고치고 난 후 맞게 되는 봄은 훨씬 유연하고 풍성하리라. 한 해에 한 번씩 새눈을 만들고 잎을 만드는 나무들처럼 나도 아픔을 경건하게 즐기고 싶다. 때로는 그것이 무례하게 무방비상태의 나를 기습 공격해 올지라도.

《e-supil》 봄호에

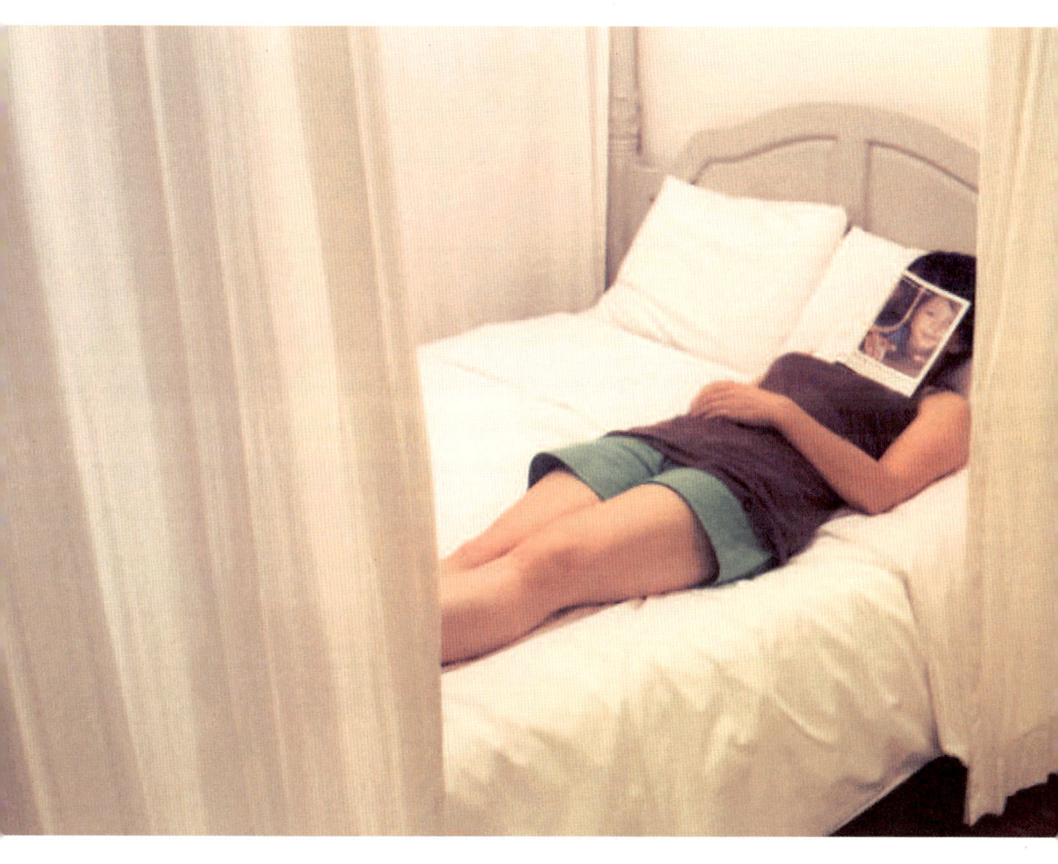

# 오동나무

대파꽃이 한창인 오월이다. 그 텃밭 너머에 오동꽃이 보인다. 계절의 품에 안겨 들지 못하고 산자락 끝에서 처연하게 꽃을 피운다. 눈부신 초록에 가려 오동꽃은 보일 듯 말 듯 드러나지 않지만, 연보랏빛 파장은 강렬하다.

오동은 그 쓰임을 제쳐두고라도 뭇 사람들의 사랑을 받음직한데 대중적인 시선을 끌지 못한다. 곱고 세련된 종 모양의 꽃과 넓은 잎은 보기만 해도 시원스럽다. 뿐만 아니라 힘차게 뻗은 가지에서는 기상이 느껴지기도 한다. 어느 것 하나 부족함이 없는데 비운의 여인에게서 느껴지는 고독이 보인다. 그러면서 생을 관조하는 여유가 있어서 좋다.

늦은 봄날, 오동잎에 떨어지는 보슬비의 마찰음은 낮잠 속까지 파고든다. 그 소리는 때와 장소에 따라 다르다. 새벽녘에는 손에 잡힐 듯이 간지럽다가 한낮이 지나면 감사의 기도처럼 평화롭다. 어둠 속에서는 수많은 별들이 오동잎에 깃드는 소리처럼 환상적이다. 또 비가 그친 후 잎새에 일렁이는 바람은 소년의 미소처럼 싱그럽다.

여름철 소나기는 언제나 오동잎에 첫 신호탄을 보내 왔다. 어머니는 열어 두었던 장독 뚜껑을 닫고 긴 빨랫줄에 널린 빨래를 부리나케 걷으며 비설거지를 하셨다. 굵은 소나기가 장마로 이어지면 오동나무도 참아왔던 비애를 토해내기 시작한다. 주변을 의식하지 않고 비장하게 흐느낀다. 슬픔은 안으로 삭여야 고상한 법이다. 그런데도 고고한 기품이 엿보인다. 보슬비나 여우비 앞에서는 비가悲歌를 부르지 않기 때문이리라.

오동잎에 떨어지는 빗소리는 아무리 들어도 싫증이 나지 않는다. 정원이 떨리도록 울어대는 노래가 없다면 여름은 얼마나 지루하겠는가. 오동나무 앞에서는 어떤 슬픔도 더 이상 고통일 수 없다. 슬픔도 아름답게 승화시켜 버린다.

여름을 지나 가을의 문턱에서 오동잎은 한결 성숙해진다. 숲은 얇은 가을 햇살 아래 채색을 서두르지만 오동나무는 미동 않는다. 넓은 하늘에 떠다니는 구름만 응시할 뿐 초연하다. 웅건한 여유로움이 심지 굳은 선비 같다. 그는 흔하디흔한 나무이기를 거부한다.

오로지 속이 여문 오동나무이기를 고집한다.

주변보다 내면의 소리에 귀 기울이다 찬바람이 부는 날을 택해 몸을 날린다. 작은 잎사귀들처럼 공중제비 따위는 하지 않는다. 가야 할 때를 알고 거침이 없다. 애초에 둥지를 틀려고 날아다니는 새들에게조차 마음을 주지 않았으니 미련도 없다. 가슴이 서늘하도록 매정하게 오동잎은 떨어진다. 잎이 지고 나면 세상이 텅 빈 것처럼 허전하다. 온몸을 뒤척이는 오동잎 소리에 누구나 한 번쯤 마음을 빼앗겨 보았으리라. 서걱서걱 담 밑에서 울어대는 오동잎의 늦가을 연가는 참으로 애잔하다.

굳건하다고 믿었던 사람에게서 발견한 뜻밖의 외로움은 오래도록 가슴을 적신다. 내가 오동나무를 좋아하는 것도 비밀스러운 고독이 느껴지기 때문이다. 스스로를 향한 몸부림으로 성숙해 가는 나무. 고통은 존재를 확인시켜 주며 때로는 힘의 원천이 되기도 한다. 나는 소리없는 오동나무의 언어를 배운다. 눈부신 오월이면 오동나무 아래를 서성이고 싶다. 화려한 무도회에 초대받지 못한 여인처럼 수수한 꽃, 그 어설픈 차림 속에 가려진 당당함이 좋다. 부드러운 위엄은 볼수록 새롭다.

오늘은 오동꽃을 가까이에서 보고 싶어 초여름 햇살 속을 걸었다. 인적이 없는 아파트 단지를 지나고 새로 생긴 주택지를 벗어나자 두 그루의 오동나무가 보인다. 오동꽃을 만나는 대가로 적당한 수고로움을 치른 것도 좋다. 번잡한 곳이 아닌데도 겸손하게 길을 비켜선 채 잡풀 속에 서 있다. 하늘을 받치고 있는 오동나무 아래에서 크게 호흡을 고른다.

발 밑에는 방금 떨어졌는지 연보라색 통꽃이 뒹굴고 있었다. 잔털 사이로 내는 여린 진의 끈적거림 때문에 아이들의 놀잇감조차 되지 못하는 것일까? 풀숲 속에도, 사람들이 다니는 시멘트 길 위에도 꽃들이 어지럽게 흩어져 있다. 조심스럽게 꽃의 정수리를 잡고 흔들어 본다. 은은한 향이 퍼진다. 심연을 깨우는 종소리가 들린다. 고독 속에서 퍼 올린 맑은 기운들이 전신을 감싼다.

한참을 서서 오동꽃을 흔들었다. 어느덧 내 가슴도 서늘한 보랏빛으로 물든다. 바람이 분다. 시나브로 나는 한 그루의 오동나무가 되는 꿈을 꾸고 있었다.

《한국수필》 통권 117호, 2002년

# 4월, 그 들녘에서

들길을 걷는다.

길은 있는 듯 없는 듯 잡목 숲 아래까지 겸손하게 이어져 있다. 들과 길의 경계가 드러나지 않도록 풀은 돌멩이의 어깨를 감싸안고 길섶으로 물러섰다. 봄을 맞는 분주함 속에서도 그들은 서로를 위한 배려를 잊지 않는다. 쓸쓸했던 논두렁이나 계곡에서도 봄기운이 왕성하다.

봄은 어느 사이 성큼 자라 있었다. 우리가 무언가에 열중했거나 집착하고 있었을 무렵 연둣빛 들녘은 자기만의 색깔을 빚기 위해 인고의 노력을 했었다. 나는 부서지는 별빛과 바람의 채찍이 잉태한 푸르른 신의 작품 속으로 걸어 들어갔다.

봄맞이꽃이 피었다. 계단식 밭둑 옆에 여름밤 하늘의 별들이 내려앉은 듯 눈부시다. 안쓰럽도록 여린 얼굴들이 도란도란 정겹다. 이들을 위해 봄은 안개처럼 허리를 낮추고 대지를 품었으리라. 봄맞이꽃의 미소가 닫혀진 빗장을 열고 성큼 내 안으로 들어온다. 무리 지어 일어서는 풀과 나무들.

양탄자처럼 펼쳐진 토끼풀 무리 속에 앉아 네잎클로버를 찾는다. 뚜렷한 목적도 없이 눈을 빛내며 네 잎 달린 클로버를 찾던 시절이 있었다. 내 눈에 띌 때 비로소 기쁨이 되던 희귀한 네 잎. 행운이란 말에 막연한 설렘이 실리곤 했다. 졸업 후의 불확실한 미래와 결혼이라는 미지의 세계 앞에서 초조해질 때 나는 희망 속에 행운을 꿈꾸어 왔던 것 같다. 그것은 젊음이 누릴 수 있는 특권이었으며 방황이기도 했다.

지금은 부족함이 없어서 행운을 바라지 않는 것은 아니다. 다만 즐거움 뒤에 따르기 마련인 복병을 경계하며 긴장의 끈을 놓아서는 안 된다는 것을 알고 있을 뿐이다. 행운 앞에서 선불리 쾌재를 부르는 일이 얼마나 어리석은 짓이며, 시련 앞에서 담담하고 초연해져야 한다는 지혜도 삶이 가르쳐준 것들이다. 행운에 기대를 걸지 않는 삶은 얼마나 역동적인가.

행운이란 말을 내 삶에서 떼어놓았듯, 한 때는 익숙했던 것들이 낯설고 생소하거나, 멀게 느껴지던 것들이 친숙한 일상이 되어 있음에 놀랄 때가 있다. 세월에 떠밀려 변화되어 가는 나를 만나는 일은 까닭없이 슬프다. 삶은 수많은 결별을 통한 허무의 연속이며 끊임없는 잉태의 연속이기에 더러는 엄숙해지기도 하는 것을.

나는 세월을 되감으며 클로버 무리를 뒤지다 더할 수 없는 안온함으로 클로버 무리를 쓰다듬는다. 아침 설거지에 부딪치는 사기 그릇들의 여명처럼 일상의 자잘한 마찰이 따스하게 울려온다. 촘촘한 클로버 무리 속에서 우연히 발견한 네잎클로버처럼 행운은 그렇게 찾아오는 법이다.

바람이 살랑거리는 4월의 끄트머리에 앉는다. 클로버 꽃향기가 코끝을 간질이는, 흡사 아기 걸음마를 지켜보는 느낌이 드는 계절 속에서 나는 흙이 되고, 바람이 되고 막 피어나는 들꽃이 된다.

이 들녘엔 모두가 행운을 기다리는 주인공이다. 자식을 떠나보낼 때가 되었는지 머리 하얀 민들레가 꼿꼿하게 허리를 펴고 바람을 기다린다. 강인한 어머니처럼 애잔한 꽃, 삶의 질서와 깊이 그리고 인고의 세월이 보인다.

꽃을 피울 때는 한없이 자신을 낮추다가 씨앗이 여물 무렵 있는 힘을 다해 줄기를 밀어 올리는 눈물겨운 모성애. 가만히 민들레 줄기를 꺾어 입술이 떨리도록 불어본다. 새로운 영토에서 굳건하게 삶을 펼칠 민들레의 앞날에 행운을 비는 마음도 실어 보낸다. 행운이란 말에 담긴 그 환함과 평화로움이 나를 감싼다.

그동안 지치고 힘든 이들에게 얼마나 많은 행운을 기원했던가. 때로는 스스로를 위한 만족과 위안에 그쳤을지라도. 행운은 내가 아닌 남을 위해 쓰여질 때 빛을 발한다. 어쩌면 새로운 곳에 뿌리를 내리기 위해 지금 내 안에서 여물고 있는지도 모른다. 나는 정성을 다해 민들레 씨앗을 분다. 사랑도 아픔도 모르는 깃털 같은 씨앗들이 하늘을 난다. 생명을 실은 채 어미 곁을 떠난다.

민들레의 잘려나간 줄기에서 하얀 슬픔이 듣는다. 생명 있는 것들은 제각각 삶의 좌표를 따라 물 흐르듯 살다가, 결국은 한 줌의 위로를 받으며 사라져 갈 것이다. 빈 몸이 된 민들레는 미동도 하지 않는다. 소유하기 위해 살아가는 듯한 일상들이 수치처럼 느껴진다. 잊고 지내던 것들과의 우연한 조우, 그것은 언제나 새롭고 신선하며 나를 변화시킨다. 박하사탕처럼 퍼져오는 이 봄의 메시지처럼.

모두가 무리 지어 있는 들길을 혼자 걷는다. 들길은 혼자 걸어야 외롭지 않다. 자연은 소란함 속에서는 결코 자기를 드러내지 않는다. 오히려 나무와 풀들은 침묵하고 만다. 나는 무리 속에서 홀로일 때의 자유를 만끽한다. 여리면서 강하고 작으면서 큰 생명의 속삭임을 듣기 위해 나는 귀를 기울인다.

끊임없이 속살대는, 왕성하게 꿈틀거리는 대지의 기운을 누가 막으랴. 바람이 보리밭에 숨어서 장난을 친다. 사랑하는 이의 숨결과도 같은 부드러움으로 내 볼을 스치더니, 멀리 잡목 숲으로 사라져 버렸다. 산이 시작되는 초입에서 키 큰 은사시나무들이 일제히 반짝인다. 비늘 같은 몸짓으로 자신의 존재를 알리는 그들. 그들도 무리 지어 있었다.

4월, 그 들녘에 무리 지어 있는 것은 모두 아름다웠다.

《수필세계》, 2005년 봄호

# 두통

두통에 시달리는 일이 잦아졌다.

뚜렷한 원인도 없이 불쑥불쑥 찾아드는 두통은 그야말로 불청객이다. 좋은 기분에 들떠 있다가 몸을 사리는 것도 두통이 찾아온 후부터 생긴 습관이다. 건강의 소중함을 모르고 함부로 몸을 혹사시키는 미련스러운 행동에 경종을 울리는 신호일까. 아니면 자칫 오만해지기 쉬운 생활에 겸허함을 잃지 마라는 섭리자의 처방일까. 아무튼 나는 두통이 시작되면 고민하지 않을 수 없다. 약을 먹느냐 마느냐의 단순한 문제를 놓고 심각한 고민에 빠지는 것이다.

대부분 필사적으로 약을 먹지 않으려 애를 쓴다. 머리를 흔들거나 지압을 하며 두통이 가라앉기를 기다린다. 그래도 안 되면 신

나는 음악을 틀어 놓고 집 안 구석구석 대청소를 시작한다. 두통은 그럴수록 집요하다. 밤에도 물러가지 않고 다음 날까지 괴롭히는 경우가 허다하다.

간헐적으로 찾아오는 두통 앞에서 육체와 정신은 수난을 당한다. 지성을 부르짖던 정신은 단순한 고통 앞에서 속절없이 무너진다. 아무것에도 집중할 수 없다. 미간을 찌푸리고 끝까지 버티는 게 고작이다. 두통 따위에 져서 약의 힘을 빌려 퇴치하고 싶지는 않다. 약으로 해결하다 보면 면역력이 떨어져 결국은 내 의지로 병을 이겨내지 못하고 습관처럼 약을 찾을지도 모른다. 나는 굳은 결의와 단호함으로 의지력을 시험하는 것이다.

두통과의 싸움이 늘 고달프기만 한 건 아니다. 은근히 즐기는 경우도 있다. 아픔의 상태에 따라 달라지는 감정의 변화를 지켜볼 때이다. 천상을 지배하던 제우스도 심한 두통으로 쩔쩔매다가 지혜의 여신 아테나를 얻었다는 신화를 생각하면 못 참을 것도 없다. 두통과의 싸움 끝에는 과연 무엇이 기다리는가를 따져 보면 회의가 들기도 한다. 미련하게 큰 병을 키우는 것 같아 겁이 날 때도 있다. 하지만 통쾌하게 내 인내력을 확인해 보고 싶다.

남들은 그런 나를 이해할 수 없는 모양이다.

정신과 체력을 부질없이 소모하는 모습이 미련스럽다는 듯 뒤틀린 승부 근성에 중독된 것은 아니냐며 힐난한다. 알약 하나면 맑고 건강한 시간을 보낼 수 있는데 굳이 어리석은 싸움을 할 필요

가 있느냐는 거다. 두통과 싸우는 일은 비생산적이라고 일침을 가하지만 나는 물러서지 않는다.

그것이 훨씬 합리적이라는 걸 스스로 인정하면서도 왜 엉뚱하게 고집을 부리는지 알 수 없다. 싸우다 지쳐 하얀 알약 앞에 무릎을 꿇더라도 선선히 백기를 들고 싶지 않은 걸 어쩌란 말인가. 하지만 더이상 참지 못하고 대부분 아스피린은 유유히 목구멍을 타고 내려간다. 언제나 뒤늦게 참담한 패배감을 맛보며 의술의 힘을 인정하는 것이다.

어릴 적에 두통으로 고생하시는 할아버지를 보았다. 즐겨 읽으시던 책도 뒤로하고 하얀 머리끈을 동여매고 자리에 누워 계시다가 뒤늦게 약을 찾곤 하셨다. 책상 서랍에는 두통약이 상비되어 있었다. 할아버지는 한참을 앓고 나신 후에야 약을 드시곤 했다. 철이 없던 나는 할아버지의 두통이 삶의 한 부분처럼 자연스럽다고 생각했다. 두통을 앓고 계시는 할아버지에게는 함부로 근접할 수 없는 고매한 분위기가 흘렀다. 하얀 봉지에 적혀 있는 '뇌선'이라는 가루약과 물약을 잡수시면 툴툴 자리를 털고 일어나셨다.

그런데 할아버지의 두통은 연세가 드시면서 말끔히 사라졌다. 다양하게 써 본 민간요법 때문인지 남용하실 만큼 잦았던 약의 위력 때문인지는 알 수 없다. 깐깐하시던 할아버지의 성품은 두통과의 결별 이후 믿을 수 없을 정도로 낙관적이고 부드러워지셨다.

마치 온화함을 찾기 위해 지루하고도 고독한 싸움을 하신 것처럼 여겨졌다. 할아버지는 건강하게 아흔을 사셨다. 선비 정신을 잃지 않으려 애쓰시던 할아버지가 두통을 잠재운 비방은 무엇인지 궁금해질 때가 있다.

어떤 형태의 고통이든 반길 이는 없을 것이다. 쓰디쓴 고통이라면 반드시 농익은 열매를 품고 있을 텐데 대부분 피해 가기를 원한다. 할아버지는 두통 앞에서 겸허하셨다. 쓴 말을 아끼지 않는 벗을 대하듯 말이다. 흐트러진 마음을 추스르고 무절제한 과욕에는 메스를 가하셨으리라.

고통 없이는 진정한 아름다움을 빚어낼 수 없다.

페어플레이 정신을 잊고 편법을 쓰는 선수에게 휘슬을 불 듯 정신이 육체에 굴하지 말라는 경고쯤으로 나도 두통을 받아들이고 싶다. 고통이 사라지면 휘슬의 의미를 잊고 또 일탈을 꿈꿀지 모른다. 그러나 불시에 엄습해 올 고통 앞에서 나는 결코 긴장감을 늦추지 않으리라.

《영남수필》, 2002년 34호

# 처마 낮은 집들

처마가 낮은 집들이 도시의 중심가를 지키며 살아가고 있다. 초겨울을 알리는 바람조차 서성이지 않는 동네가 참으로 낯설다. 홀로 화실에 앉아 커피를 마신다. 그러다 문득 적막하리만치 조용한 동네를 그리기도 했다. 하얀 캔트지 위로 조심스럽게 집들을 옮긴다. 낡을 대로 낡은 슬레이트 지붕과 덧칠을 한 시멘트 자국이 선명한 벽, 지붕 위에 용도를 알 수 없이 뒹구는 나뭇단까지 그려 넣는다. 지붕을 덮고 있는 장판과 벽돌 몇 점까지 옮기다 보니 어느새 친근해진다.

마당이 작고 처마가 낮은, 그러면서도 정갈한 집들이 포근하게 나를 안아준다. 언제부터인지 모르지만 화려하고 현학적인 끌림이 좋았다. 미학이란 이름에 걸맞은 삶이 아우라를 찾아 헤맸으며 거칠게 형성된 개념 앞에서 자주 찬탄하고 때로는 심각해지기도 했다. 그러나 그 뒷맛이 주는 공허감은 컸다. 그럴 때마다 일상에서 밀려난 작은 즐거움이 등불처럼 나를 밝혀줄 때가 많았다. 물질적이거나 화려한 기쁨보다 소소한 것에서 얻는 심리적인 안정이 근원적인 행복과 더 맞닿아 있음을 나는 수차례 경험하였다.

키가 낮은 동네가 겸손해 보이는 것은 흐린 하늘 때문이거나 평온해진 내면 때문이리라. 따뜻한 스웨터 차림의 동네를 그리고 싶다. 가슴이 두근거리고 손놀림도 빨라진다. 큰 길 건너편 교회를 조심스럽게 마을 중심부로 끌어 왔다. 대로변의 웅장한 교회 첨탑이 키 낮은 집들 사이에서 신기하게도 위엄을 벗는다. 따뜻하고 소박한 기품이 흘러넘친다. 뎅그랑뎅그랑 멋진 종소리가 울려 퍼질 것만 같은 완벽한 풍경이다.

섬세한 것들을 담아내려고 애써 보지만 쉽지 않다. 처음 이곳에 오던 날, 여러 채의 집과 건물로 재개발을 노리는 집주인과 영세한 세입자의 관계가 먼저 떠올랐다. 대로 건너편의 웅장한 교회조차 이질적이고 거만해 보였다. 시원스럽게 뻗은 대로와 시내를 관통하는 중심도로 사이의 사각지대 안에서 동네는 웅크리고 있었다. 출구를 찾지 못해 오직 과거로만 거슬러 올라가는 듯한 묘한 분위기를 풍기고 있었다.

오늘은 창문을 열고 크게 심호흡을 해본다. 모퉁이 어디쯤에 작은 연탄 화덕을 끼고 포토* 아저씨가 기다리고 있을 것만 같다. 내 유년의 겨울은 언제나 정육면체 설탕덩어리가 국자 속에서 몸을 풀고 다시 태어나기를 거듭하는 사이 쏜살같이 사라졌다. 포토에 찍힌 갖가지 문양을 파던 몰입의 순간들은 얼마나 짜릿했던가. 자투리 조각을 입에 넣으면 싸한 소다 맛이 혀끝에 감겨들던, 처마 낮은 집들과 골목의 풍경은 그 추억을 오롯이 보듬고 있었다.

그 당시 부자는 처마가 조금 더 높은 집을 의미했을 뿐이다. 키가 비슷한 처마들은 언제나 다정했으며 높고 눈이 부신 하늘을 적당하게 가려 주었다. 그래서 삶과 꿈도 소박했는지 모른다. 그동안 고층 아파트에서 높은 하늘만 바라보고 살았기 때문인지 요즘은 자주 공허함과 맞닥뜨린다.

화실을 나와 좁은 골목길을 걷는다. 벽화가 담벽에서 걸어 나와 말을 건넨다. 젊은 예술가와 주민들에 의해 김광석이라는 가수가 새롭게 태어나고 있다. 여전히 그는 청춘인 채로 못다 한 인생을 노래하고 있다. '청춘은 시간의 흐름에 따른 몸의 상태가 아니라 세월을 초월하는 마음의 상태'라는 친분 있는 예술가의 글귀가 가슴을 적신다. 높은 곳만 향하여 살아가던 나의 지친 발걸음이 편안해진다. 교감한다는 것은 따뜻한 내밀함이 전제될 때에만 가능하다.

우리와 실랑이를 벌였던 포토 아저씨의 게으른 눈빛과도 같던, 우리의 유년은 가난했지만 충만했다. 펄펄 끓는 설탕액을 온몸으로 받아들이던 스테인리스 철판의 눈부신 반짝임처럼, 오래도록 그리운 것들 안에 마음을 담그고 싶다. 그러면 내 삶도 벽화처럼 단순하고 생동감 있게 펼쳐질 것만 같다.

텅 빈 골목길에 카메라를 멘 사람이 그림을 응시하고 있다. 잠시 후 그가 피사체를 향해 줌을 당긴다. 나도 시간도 숨을 죽인다. 낡은 자전거를 탄 할아버지가 시간을 깨우며 지나간다. 짧고도 느린 순간이 그림 같다. 아니 상업성에 밀려난 한 편의 독립영화이다.

2011년

* 포토 : 연탄불 위에 네모난 설탕을 국자 안에 넣고 녹여 먹던 아이들의 겨울 군것질거리. 서울 지방에서는 '뽑기'라고 불렸지만 경상도 지방에선 포토라고 불림. 영어의 pot 혹은 phot에서 유래된 듯하다.

# 그리운 자작나무

한 그루 자작나무가 자란다. 보이지 않는 곳에서 적당한 거리를 두고 내 안에서 나를 응시하는, 그래서 언제나 그립고 친근한 나무이다. 그는 수피가 하얘서 눈이 부시다. 허물을 벗을 줄 아는 몸부림은 고결하고 아름답다. 바람도 그 위엄 앞에서 뒷걸음을 치거나 속살거리듯 나뭇잎 앞에서 재롱을 피운다. 그런 자작나무 한 그루 내 안에서 자란다.

누구에게나 그리운 한때가 있다. 돌아오지 않을 유년의 기억은

싸리꽃처럼 은은하기도 하고, 때로는 여름날 소나기처럼 시원하다. 하얀 도포를 걸치고 유건을 쓰신 할아버지가 마루 끝에 서서 소지燒紙하던 삼경의 시간은 참으로 경건했다. 불이 붙은 지방은 한 줌 재가 될 때까지 온몸을 남김없이 태우고 어둠 속으로 사라졌다. 간절한 무념으로의 승천, 이승을 벗어날 때의 가벼운 몸짓은 슬프고도 신비로웠다. 그 엄숙한 장면 속의 할아버지는 수피가 하얀 한 그루 자작나무를 연상시켰다. 결코 휘발되지 않는 자작나무만의 숨결같은 떨림이 자주 그리워지곤 한다.

일상에서 허기를 느낄 때가 있다. 스스로 만들어낸 믿음과 확신이 흔들릴 때, 그것으로 인해 내 안의 부재를 뒤늦게 인식하는 날에는 나의 자작나무도 심하게 우울하다. 살랑거리던 잎새의 맑은 몸짓도, 촉촉이 여름비에 젖은 생명력도 없다. 유예해 둔 죽음을 생각하기라도 하듯 의욕을 잃고 마는 것이다. 도시 속에는 생존을 위한 잔인한 진화만 있을 뿐, 한 그루 소박한 나무를 위한 꿈은 존재하지 않는다. 나는 웃다가도 씁쓸하고 수다를 떨다가도 덜컥 외로워진다. 그런 날 밤이면 습관처럼 내 안의 자작나무를 찾아나선다. 내가 아픈 날은 반드시 자작나무도 아픈 까닭에 우리는 서로를 응시하지 못한다.

인생의 참된 가치를 깨닫지 못하면 나의 자작나무는 영원히 사라지고 말 것이다. 나는 꽃을 피울 수 없는 자작나무이기를 원하면서도 장미 같은 꽃을 피우고 싶을 때가 있다. 나이테만큼의 허물을 벗기 위한 노력과 시간들이 부질없다고 생각될 때, 영혼을 깨우는 준엄한 소리조차 싫다. 나는 자작나무 숲을 벗어나기 위해 몸부림을 쳐댄다. 연결고리가 끊어질 때 불안만큼의 희열이 따른다. 진정으로 살아있는 듯한 나를 맛보는 순간이다. 그러나 그 산뜻한 선택은 오래 지속되지 못한다. 어쩔 수 없이 허물을 벗어야 하는 자작나무가 못내 그리워지는 것이다. 내 안의 자작나무에는 과거의 향수와 미래의 두근거림이 공존하기 때문이다.

나는 자존심이 강하면서도 감성이 풍부한 할아버지를 많이 닮았다. 다만 할아버지는 신념이 뚜렷한 분이셨다. 책 읽는 소리로 하루를 열고, 끊임없이 글을 쓰면서도 아름다운 정원을 가꿀 줄 아는 정서적인 분이셨다. 할아버지 곁에서 맛보던 고서의 촉감과 냄새, 회양목 울타리를 뛰어넘어 정원 속에 숨어들어 경험하던 마이크로 세계의 신비로움, 그것은 내가 받은 가장 아름답고 소중한 유산이다. 행복은 그런 거라고 생각했다.

그런데 나는 혼란스럽다. 내 안의 자작나무와 소통하느라 바깥에서 자라는 수많은 자작나무와 물푸레나무, 후박나무, 가문비나무 등속을 만날 때마다 반갑게 인사하지 못하고 경계에서 서성인다. 그것은 내 가치관의 허약함을 뜻한다. 일상은 소유의 속성인 무한한 갈증을 경험케 하고 욕망의 하녀인 불안도 끊임없이 보내온다. 또한 타인의 시선 속에 매몰되는 나를 조소하기도 한다. 그래서 나는 일상 앞에서 쭈뼛거리거나 외로움을 타는지 모른다.

내 안의 자작나무가 눈을 뜨면 세상은 비로소 따사롭다. 나이테를 위한 허물벗기를 멈추지 말고 가고 싶은 길을 가라고, 스스로의 판단 속에서 발휘된 능력이 세상과 조화를 이룰 때 나의 가치를 알게 될 거라고 격려한다. 한동안 서로를 응시하고 나면 아픈 영혼은 조금씩 치유된다. 그러나 불행히도 몸과 마음이 지칠 대로 지쳐야 내 안의 자작나무가 나를 부른다.

할아버지가 정성을 다해 소지를 하던 그 시간, 나는 아픈 영혼을 달래기 위해 명료한 의식으로 밤을 새운다. 그것은 약간의 두근거림을 몰고오는 은밀한 나만의 데이트다. 아파트 마당에서 자작나무가 쉴 새 없이 잎을 흔들어댄다. 그런데도 나는 여전히 자작나무가 그립다.

2012년

# 가을 장터에서

제법 바람이 서늘하다. 우리를 지배했던 여름은 부드러워졌고 나무도 한층 성장했다. 자연이 겸손한 빛깔로 다가오면 일상의 치열함은 물러나고 존재의 경이로움만 넘실거린다. 댕그랑거리는 종소리가 나의 내면에서 평화롭게 울려댄다.

그러나 시간이 흐르면서 우리는 변화를 의식하지 못하고 익숙한 일상 속으로 다시 빠져들리라. 계절 앞에서는 불안과 초조 혹은 긴장감 따위의 시작 증후군은 없다. 오직 설렘만 있을 뿐이다. 몸과 마음은 완연해져 가고, 우거진 잡초는 절정에 달했다. 그 위를 지나는 바람과 햇살, 그들의 섬세한 언어가 더해져 아픈 영혼이 치유될 것만 같다. 가을은 완벽한 명상의 계절이다.

갑자기 옛 기억이 꿈틀거리면 감당할 수가 없다. 그것은 단단한 땅을 뚫고 올라와 생명력을 자랑하는 나무의 뿌리마냥 강인하다. 오일장이 서는 날, 해거름 녘이면 친구들이 엄마를 마중하기 위해 장고개로 몰려가곤 했다. 소란스럽던 동제나무 아래에 찾아들던 긴 적막감, 백 년도 넘었을 느티나무 수령만큼의 쓸쓸함이 와락 내게로 안겨들던 시간이었다. 한 번도 가보지 않은 장고개와 오일마다 장이 서는 읍내장터를 상상하는 내게 가을은 언제나 측은한 몸짓으로 달래주었다. 도시에서 전학을 간 탓도 있지만, 할아버지와 아버지의 잦은 외출로 엄마가 장에 가는 일은 드물었기 때문일까? 나는 자주 친구들과 하나가 될 수 없음을 느꼈다. 그 기억들은 오랜 세월이 지나도 계절병처럼 불거져 나오곤 한다.

오늘은 무언가에 이끌리듯 시골 장터로 향했다. 기대가 무너진다. 초라할 만큼 작은 장터에는 향수를 불러일으킬 만한 것은 없다. 그런데도 마음이 편안하다. 할머니들이 펼쳐 놓은 푸성귀들 위로 종부로서 허리 펼 날이 없었던 엄마의 노곤한 일상이 지나간다. 억척스러울 수밖에 없던 엄마의 삶이 나에게는 위협처럼 보였다. 늘 손님이 많고 일이 많은 엄마의 삶을 답습하고 싶지는 않았다. 식구가 단출한 친구가 부러웠다. 가끔씩 엄마는 훈장처럼 과거를 들춰내며 종부로서의 도리를 다했음에 만족해 하신다. 그런데 나는 엄마만 생각하면 목젖부터 뻣뻣하게 긴장되어 온다.

토란줄기를 파는 할머니와 눈이 마주치자 덥석 두 묶음이나 사고 말았다. 한 번도 손질을 해 본 적이 없는 토란줄기다. 노랗게 삭힌 콩잎도 보인다. 이번에는 해마다 시어머니가 담가주시던 콩잎김치가 생각난다. 솜씨 좋은 시어머니는 이십 년이 넘도록 한결같이 김치와 반찬을 해 주셨다. 몸이 재바른 시어머니는 가끔씩 경비실에 김치만 맡겨 두고 총총이 사라지기도 하셨다. 그것은 순전히 피 한방울 섞이지 않은 며느리를 배려하는, 현대식 시어머니 사랑이다. 코끝이 찡해 온다. 많은 사람들의 도움과 희생으로 살아왔다는 것을 시골 장터가 상기시켜 준다.

쪼그리고 앉아 깨끗하게 삭은 콩잎을 찾느라 뒤적인다. 엄마가 취하던 자세로 앉아 시어머니가 일러 주시던 말씀을 되새기며 잘 삭은 콩잎을 고른다. 콤콤하면서도 지린 냄새가 싫지 않다. 형언키 어려운 충만감이 엄마와 시어머니, 아니 한국 여인들을 버티게 했던 힘이라는 걸 깨닫는다.

하지만 토란줄기를 널 베란다에는 운치 있는 장독도, 싸리나무 채반도 없다. 플라스틱 용기이거나 화려하고 깔끔한 그릇들뿐이다. 계절을 담기에는 궁색하다. 베란다 가득 신문지를 깔고 풍성한 마음이라도 펼쳐 놓을 수밖에 없다. 토란줄기가 말라가는 동안 부지런한 이웃의 흔적과 스스로의 노고에 감사하리라. 그것은 여느 해와는 다른 즐거움을 안겨 줄 것이다.

옆에 앉은 할머니가 누렇게 익어가는 호박 두 개도 사라고 애원한다. 한 개도 오백 원, 두 개를 가져가도 오백 원이란다. 턱없이 싼 가격과 상식에 맞지 않는 계산 앞에서 잠시 주춤해진다. 덤이 더 부담스러울 때가 있기 때문이다. 그 때 찬바람처럼 나타난 여인이 냉큼 사버린다. 바보가 아니라면 누가 한 개만 사겠느냐는 그녀의 말이 법문처럼 들린다. 같은 상황을 두고 그녀는 행운으로, 나는 필요 이상의 생각거리로 받아들였다. 여유로울 거라 여겼던 시골 장터에서도 삶의 바퀴는 저마다 다르고 분주하다.

"할매, 젊었을 때 억수로 이뻤겠구마."

함께 간 친구가 어색한 사투리로 할머니의 마음을 달랜다. 생뚱맞은 인사에 할머니의 얼굴이 환해진다. 새로 시집을 가도 되겠다는 둥, 딸은 어디 사느냐는 둥 오랜 친지라도 만난 듯 친구는 넉살 좋게 떠든다. 웃을 때마다 할머니의 밭이랑 같은 주름이 접혔다 펴진다. 가을빛에 그을린 얼굴 위로 빠듯한 시골 살림이 스쳐 지나간다. 그것은 애잔하고도 평온한 고향의 얼굴이다.

늦가을 억새가 바람에 부딪히는 듯한 시골 장터지만 쉽게 발길이 떨어지지 않는다. 촌스러운 화장과 친근한 사투리 사이로 무언가 잃어버린 듯 헛헛하다. 박새처럼 고향을 지키는 사람들 사이로 밀려드는 도시의 장사꾼들, 그들에게도 잉태되어질 또 다른 아픔이 보인다. 시골에서 자란 향수와 교감 때문인지 친구의 사투리는 점점 더 구수해지는데 나는 자꾸만 엄숙해진다. 욕망이 진실로 착각되는 일상이 내 안에서 우수수 흩어진다. 바지랑대 끝에 앉은 외로운 잠자리마냥 나는 균형을 잡으려고 애써 본다.

친구와 나란히 손을 잡고 장터 구석에 있는 추어탕 집으로 향했다. 햇살이 비스듬히 내려앉은 식탁에 앉아 추어탕을 먹는다. 소금을 뿌리면 온몸으로 고통을 호소하던 미꾸라지들의 몸부림을 본 후, 여태까지 추어탕을 입에 댄 적이 없었다. 하지만 이곳까지 데려온 친구를 위해서 오늘은 무엇이든 맛있게 먹을 수 있으리라.

뜨뜻한 추어탕 국물이 목젖을 타고 넘어가는 것을 나는 조심스럽게 지켜본다. 내 몸은 나보다 훨씬 정직했다. 경건한 의식을 치르는 것 같기도 하고 못된 유희를 즐기는 것도 같다. 나는 좀 더 게걸스럽게 먹기 위해 바삐 숟가락질을 해댔다. 추어탕이 나를 완전히 받아주기를 기대하면서…….

2010년

# 인자천조 仁者天助

한낮의 아스팔트는 뜨거웠다.

낯선 산세와 지형에 매료되어 있을 때 노옹이 차를 세운다. 햇살에 달궈진 아스팔트와 노옹의 묘한 대조. 나는 잡지 속에 실린 한 장의 사진을 넘기듯 지나쳐 버렸다. 두루마기를 벗고 마고자차림으로 서 있는 노인이 백미러로 확대되어 따라온다. 뒤늦게 브레이크를 밟는다. 햇살에 지친 노옹의 얼굴이나, 묵직해 보이는 가방 때문만은 아니다. 먼 곳에 있는 벗을 찾아 다리품 팔기를 주저하지 않던 생전의 할아버지가 떠오른다. 노인이 반색을 하며 달려온다. 그 환한 기쁨이 굳어버린 내 마음에 불을 밝힌다.

나는 함부로 사람을 차에 태우지 않는다. 좁은 공간에서 낯선 사람과 형식적인 인사를 나누며 가는 것도 어색하지만, 좋은 마음으로 베푼 정이 곤혹스러운 결과를 빚는 경우를 보았기 때문이다. 차가 출발하면 자동적으로 문이 잠기듯, 마음을 닫아걸고 드라이브를 즐기는 일은 불문율과도 같다.

무엇보다 음악을 크게 틀고 달리다 보면 호젓하게 내면과 만날 수 있다. 부질없는 상념에 빠지거나 센티한 감정에 젖어들기도 하지만 삶의 긴장을 해소하는 데는 최고의 방법이다. 익숙한 일상의 공간에서 벗어난다는 것, 나 이외에 아무것도 생각하지 않는다는 것, 그것은 비록 평범해 보일지라도 내게는 가장 자연스러우면서도 특별한 시간이다.

누가 손가락질을 한다 해도 어쩔 수 없다. 섣불리 베푼 동정 따위가 내 삶을 더 힘들게 할 수도 있다는 걸 나는 안다. 어쩌면 세상을 안을 만한 그릇이 되지 못해 잔뜩 움츠리고 있는지도 모른다. 그런 내가 용기를 낸 건 순전히 옆자리에 친구가 있었기 때문이기도 하다.

노옹은 20여 리 떨어진 어느 초등학교까지 가기를 원했다. 초행길인 듯하다. 하마터면 나는 할아버지에 대한 추억으로 감상에 젖어들 뻔했다. 하지만 모처럼 시간을 낸 친구와의 여행을 방해받고 싶지 않아 노옹의 존재를 무시해 버렸다.

도착지에 이르자 노옹은 고맙다며 공들여 쓴 서예작품을 건네고 떠났다. '인자천조仁者天助'. 태워 줄 때 불이익이나 당하지 않을까

계산했던 이기심을 능글맞게 조롱한다. 어진 사람은 하늘이 돕는다니 민망하고 송구스럽다.

두고 간 신문에는 화제의 인물이란 타이틀로 노옹이 소개되어 있었다. 희수喜壽를 바라보는 나이이지만 십여 년이 넘게 발로 뛰며 효孝 사상을 심는 분이다. 직접 쓴 만여 점의 '孝'를 이미 전국 학교와 공공 장소에 기증했을 뿐만 아니라 도움을 받은 사람에게도 여러 가지 글로 보답했다고 한다. 나는 하필이면 많고 많은 글 중에 '인자천조'를 만났을까. 화두가 되어 덮친다.

자기의 이익을 돌보지 않고 남을 위해 산다는 것은 결코 쉬운 일이 아니다. 더구나 선량한 노력이 엉뚱한 오해로 돌아올 때 흔들리지 않고 신념을 지켜 온 노옹의 인품은 귀감이다.

나보다 이웃을 생각하는 숭고한 마음으로 살아가는 분들이 있기에 삶은 윤택하고 희망적이다. 강의 하류처럼 여유로운 노옹의 삶 속에는 녹슬지 않는 자존심이 보인다.

남을 감고 자라는 나팔꽃보다 대나무와 같은 삶이 이지적이라 여겨, 사람들과 얽히는 걸 달가워하지 않았다. 누구나 크든 작든 수많은 사람들의 훈기로 살아간다. 그런데 나라와 이웃을 위하여 내 일처럼 진심으로 아파하거나 기도해 본 적이 있었던가. 어떠한 도움이나 부탁도 서로를 힘들게 할 수 있다는 경직된 생각으로 사람들을 피해 왔었다.

나의 서툰 인간관계는 고립되기를 좋아하는 이기적인 본성에서 기인한 것이리라. 우연한 스침 속에서 내 삶에 커다란 착오가 있음을 깨닫는다. 막차가 머물다 간 빈 거리에 암담하게 남겨진 기분이다.

소박하고 진실한 삶은 멀리 있지 않았다. 결코 부자가 아니던 할아버지도 장학금을 내거나 각 학교와 서원에 나무를 기증하길 즐기셨다. 할아버지는 낡은 코트와 오래된 가방 하나만으로도 풍족한 삶을 사셨다. 저승으로 가는 할아버지를 눈물겹게 배웅하던 수십 장의 만장을 나는 벌써 잊었는가.

물질의 위기에 허우적거리면서도 절실하게 정신의 부재를 안타까워했는지 반문해 본다. 때때로 명품가게를 기웃거리기도 하고 내면을 채우기 위해 책 읽기도 게을리 하지 않았다. 그런데도 삶이 이토록 허전하고 초라해 보이는 이유는 무엇일까.

어떠한 고난에도 흔들리지 않는 인생에 대한 믿음, 좀 더 삶을 사랑할 수 있는 비전이나 명분이 있었던가. 눈앞의 이익에 매달리느라 나는 늘 지쳐 있었다. 거듭나기 위해 안간힘을 쓸수록 그 언저리만 맴돌던 날에 우연한 노옹과의 만남, 그것은 사람에 대한 신뢰였다.

노옹이 준 선물은 나를 성숙시킬 것이다. 한동안 용기를 내지 못해 자신과 이웃 사이의 닦여지지 않은 길 위에서 서성일지도 모른다. 우둔하도록 앓고 있는 고질병. 나는 언제까지 암담한 내면을 지켜보아야 하는가.

인자천조(仁者天助).

파랗게 싹이 올라 내 삶을 풍요롭게 할 그 은밀한 기쁨은 언제쯤 맛볼 것인가. 《영남수필》 36집, 2004년

# 대를 이어 읽는 매일신문

오늘처럼 겨울 바람이 마른 나뭇잎을 흔들고 지나가는 새벽이면 나는 아버지가 신문을 뒤척이는 소리에 잠을 깨곤 하였다. 남폿불을 밝히고 신문을 읽는 아버지의 그림자가 맞은편 벽에서, 때로는 천장에서 일렁이는 모습을 지켜보다 다시 잠에 빠져들던 내 유년의 편린들. 그 기억은 언제 들춰봐도 아름답다.

끊임없이 미래를 준비하던 아버지는 참으로 열정적이셨다. 장손으로 고향을 지키기 위해 꿈을 접고 도시를 떠나야 했던 아버지에게 신문은 정신적인 위안처였는지 모른다. 신문을 읽는 아버지의 모습이나, 사랑방에서 글을 읽는 할아버지의 목소리가 유난히 안온하게 느껴지는 날이면 어김없이 함박눈이 내렸다.

아버지에게 신문은 소중한 삶의 양분이었다. 하지만 나는 알레르기를 일으키듯 힘겹게 마찰을 빚어야 했다. 우편물이 많지 않던 시절, 보급소에서 십여 리나 떨어진 지리적인 문제로 신문을 갖다 나르는 일은 늘 내 몫이었다. 학교를 마치고 면사무소 근처에 있는 신문보급소에 들르는 일은 어린 내게 무척이나 귀찮고 성가셨다. 뭔가 허전함을 느껴, 왔던 길을 되돌아 갈 수밖에 없는 낭패감에 사로잡힐 때마다 아버지의 신문은 곱게 보이지 않았다.

아버지의 이름이 새겨진 돌가루종이 띠를 두르고 나를 기다리던 신문. 매일신문과의 인연은 그렇게 30년도 훨씬 전부터 시작되었다. 석간이던 매일신문을 고향에선 하루가 지나서야 받아 볼 수 있었지만 아버지에겐 세상과 소통하는 유일한 창구였다. 친구들과 해찰하다 상처투성이가 된 신문을 내어놓는 날이면 아버지의 얼굴에는 실망하는 기색이 역력했다. 시간이 흐르면서 나는 자연스럽게 신문과 친숙해져 갔으며 읽을거리에 대한 소중함을 키워 갔다.

어느 여름날, 힘없이 졸고 있는 미루나무 아래에서 신문을 펼쳐 들고 오래도록 읽었던 기억이 있다. 행간과 행간 사이에 숨어 있는 사유의 세계를 알 턱이 없음에도 낯설고 경이로운 이야기를 읽고 또 읽었다. 아버지처럼 무엇을 진지하게 읽고 생각한다는 것이 좋았다. 그래서인지 나는 지금도 영상물이 주는 즉각적인 이미지보다 사유의 깊이가 있는 글을 더 좋아한다.

풍요로움이 반드시 좋은 것은 아니라는 것을 알면서도 두서너 가지의 신문을 오래된 습관처럼 구독하고 있다. 아이들을 위한 영자 신문을 제외하고도 이른 새벽 날아오는 중앙지와 오후에 찾아오는 지역신문. 영자 신문과 중앙지가 망원경 같다면 지역신문은 현미경 같다. 망원경으론 결코 볼 수 없는 작고 친숙한 것들이 지역신문 안에 숨어 있다. 그곳엔 고향 같은 정겨움이 있다.

종종 지역의 명사들이나 지인들을 지면에서 만나는 즐거움도 크지만, 아파트의 분양소식이나 다양한 시장 정보의 유익함도 빼놓을 수 없다. 뿐만 아니라 우리 지역의 문화나 역사에 자부심을 갖고 동질감을 느끼기도 한다. 그러나 나는 지역사회 발전이나 애향심 고취 따위의 지역신문이 가지는 전문적인 기능만을 최고로 치고 싶지 않다. 어쩌면 아버지의 울타리처럼, 독특하고 친근하며 신뢰가 느껴진다는 소박한 이유에서 오늘도 하오를 기다리는지 모른다. 그 옛날 아버지가 구독하던 신문을 읽노라면 나는 여전히 아버지와 같은 세계로 연결되어 있다는 것을 깨닫는다. 아버지에게 그랬듯이 매일신문은 내게도 소중한 삶의 자양분인 것이다.

《매일신문》, 2006년 1월 2일

# 2
# 인연과 소중함
relation & appreciation

# 국화와 물고기

캠퍼스가 축제로 술렁인다. 흥분과 설렘에 들떠 있는 젊은 열기 속에서 나는 적막이 찾아올 시간을 기다린다. 어둠이 자리 잡지 못하고 배회하는 시간, 홀로 창밖을 바라보며 커피를 마신다. 나이와 현실을 외면한 채 학문에 도전하는 이 마르지 않는 열정은 무엇인지 자문해 본다.

세월의 부피가 버겁다. 캠퍼스, 축제, 사랑, 익숙하게 따라다니던 것들이 나를 상대적 박탈감에 빠뜨린다. 청춘이란 말이 낯설지 않던 시절, 나는 군더더기 없는 삶을 살겠다고 다짐했다. '변신'으로 이어지는 일상을 부단히 꿈꾸었다. 지금도 여전히 골짜기에 갇힌 안개처럼 형체도 불분명한 꿈을 좇고 있다.

휴대전화가 울린다. 친구 H의 목소리가 반갑다. 같은 도시에 살면서도 그는 내게 언제나 가까운 듯 먼 존재다. 허기진 시간을 메워주러 그가 달려왔다. 쉼 없이 팔랑거리는 단풍 나무 아래의 벤치에 앉아 우리는 흐르는 시간을 접어 캠퍼스에 날린다. 풀벌레 소리와 부드럽게 흔들리는 나뭇잎 사이로 가을이 오고 있었다.

그가 습관처럼 유년의 기억을 풀어낸다. 봄날의 제비꽃과 종달새, 검정 고무신과 송사리, 밥 짓는 저녁연기와 워낭 소리, 투명한 가난이 빚어내던 소박함을 이야기하는 동안 그의 얼굴이 풋풋해진다. 말투와 눈빛이 친숙하다. 공감할 수 있다는 건 얼마나 가슴 따뜻한 일인가! 추억담에 등장하는 그와 나는 낯설지 않은데, 모든 게 저린 기억이 되어 아련하다.

하지만 유학과 도시 생활을 이야기하는 그의 목소리는 창백해진다. 드넓은 세상은 그에게 많은 것을 요구했다. 신작로에 줄지어 선 미루나무를 헤다가 번번이 방해물이 나타나 끝까지 헤어 보지 못하던 안타까운 기억처럼 그가 덧칠이 되어 멀어져 간다. 어느 날 갑자기 햇살과 바람과 그림 같은 풍경을 남겨 두고 느닷없이 잘려나갔을 미루나무의 아픔이 떠오른다.

그는 내게 거울 같은 벗이다. 자주 만나지는 않지만 삶의 고단함을 내려놓고 싶을 때면 어김없이 생각난다. 대화를 나누기에 적당한 주량과 반듯한 매너, 흐트러짐 없는 자세로 성실하게 살아온 그와 술잔을 기울이는 일은 그리 어색하지 않다. 그와 나는 고독

할 때만 생각나는 별 볼일 없는 친구일지 모른다. 그는 궁색한 선택에 지나지 않는 나의 학문하는 자세를 좋아하는 것 같다. 세속적인 것을 박차고 꿈꾸는 것을 향해 도전할 수 있는 무모한 용기를 동경하는 것도 같다.

그가 들려주는 근간의 생활은 일일연속극처럼 평이한데, 얼룩처럼 묻어나는 권태로움은 최첨단 영상기술이 빚어내듯 생생하게 와 닿는다. 남의 시선보다 자기가 원하는 삶을 살고 싶다고, 자기를 잃고 살아가는 것만 같다고 그가 말한다. 이룰 수 없다는 체념 때문인지 그의 목소리는 나직하고 담담하다. 현실적인 것들을 고루 갖추고 인정받는 그에게 어울리지 않는 고민처럼 보인다. 풍부한 감성이 그를 외로움의 늪으로 빠뜨리고 있는 거라고 생각하자 경쟁 사회, 피상적인 만남, 자아의 상실 따위가 뒤이어 떠오른다.

따뜻한 생명의 기운을 스스로에게 불어넣고자 몸부림치지만 어쩔 수 없이 고독을 사랑할 수밖에 없는, 저항할 수 없는 아픔이 보인다. 하지만 그것은 일시적인 방황이다. 내일이면 의욕에 넘치는 얼굴로 일터로 향하고 남에게 인정받는 자기를 흡족해 하리라. 그러다 시간이 지나면 계절병을 앓듯 어느 쪽이 성실한 삶인지 의문을 던져 볼 것이다. 그 짧은 비틀거림이 삶의 활력을 찾아주는 힘이라는 것을 나는 안다.

우리의 대화는 독백 같다. 먼 데를 꿈꾸고 있는 듯한 그의 표정 위로 단풍잎 그림자가 춤을 춘다. 그의 아픔은 나의 아픔이다. 주

체적인 삶을 살아간다고 믿고 있는 나의 또 다른 공허함을 그가 모를 리 없다. 자기와 세계를 확장시키지 못하고 팽이처럼 제자리만 맴돌다 지쳐 쓰러질 그런 아픔을 안고 살아가는 나를 그 역시 안타까운 마음으로 지켜보리라.

우린 서로의 상처를 덜어주지 못하지만 동병상련의 연민을 느낀다. 그는 물고기, 나는 국화다. 어찌할 수 없는 향수에 젖어 강물을 거슬러 오르는 물고기와 향이 강해 섞이지 못하고 꿈만 꾸는 국화인 것이다. 물고기는 국화의 허허로움을 메워 줄 수 없고, 국화는 큰 세계를 향해 유영하는 물고기의 지친 영혼을 달래 줄 수 없다. 스스로의 세계를 한없이 그리워하고 끊임없이 자기를 들여다볼 뿐이다.

그는 잊혀질 만하면 새벽공기처럼 나타나 내 삶을 돌아보게 만든다. 그러고 보니 그와 술잔을 나눈 지 한참이 지났다. 오늘은 향기를 숨기고 내가 먼저 그를 찾고 싶다. 하지만 술잔을 기울이다 보면 아집과도 같은 나만의 향기가 비집고 나올 것이며, 그는 여전히 꿈을 꾸듯 강물을 거슬러 오를 것이다. 같은 시간과 공간 안에서 살아가지만 세계가 다른 우리는 영원히 국화와 물고기일 수밖에 없다. 햇살 투명한 이슬 대신 아픔과 결핍을 먹고 살아가는 도시 속의 국화와 물고기인 것이다.

《영남수필》 39집, 2007년

# 까치집

겨울이 시작될 무렵 이사를 하였다. 정든 집에서 떠나는 이별의 감정이나 새집으로 향하는 설렘 따위는 사치일 정도로 경황없이 이삿짐을 꾸렸다. 그리고는 여느 도시의 중년 부부들처럼 첨단 생활 시설이나 아이들의 교육문제를 으뜸으로 치는 신시가지를 찾아왔다.

기대를 하고 온 건 아니었지만 시야에 들어오는 것은 획일적인 건물과 규격화되어 있는 나무들, 유난히 황량해 보이는 겨울뿐이었다. 낯선 동네에 들어서며 나는 막막함을 느꼈다. 어둠이 깔리면 현란한 네온사인으로 화려해지는 대형 빌딩들과, 포장되지 않은 삶을 송두리째 좌판 위에 펼쳐놓고 행인을 기다리는 노점상들로 동네는 부산해진다. 묘한 대조를 이루면서도 공존할 수밖에 없는 이색적인 광경을 바라보며 나는 이방인처럼 서성거렸다. 때로는 걷잡을 수 없이 파고드는 외로움을 삭이기 위해 베란다 창 밖으로 고개를 내밀고 시간을 보내기도 하였다.

이 때쯤 전에 살던 아파트에도 가로등이 밤샘 준비를 서두르며 눈을 뜰 것이다. 산 아래까지 펼쳐져 있는 나지막한 집들과 울창한 히말라야시더 가로수에 비가 내릴 때는 커피 한 잔으로도 애잔해지던 그 집. 나는 옛집 생각에 자주 가슴이 저려왔다. 그렇게 한동안 어색한 공간에서 눈을 뜨고 아침을 맞이하였다. 시간이 지나도 과거에 대한 향수는 줄어들지 않고 한갓진 곳으로 떠나고 싶다는 간절함만 더해 갔다. 그런 이유에서인지 새 동네와는 오래도록 서먹서먹하였다.

이듬해 햇살이 고운 봄날, 용지봉 오르는 산길이 생각나 혼자 집을 나섰다. 오랜만에 맛보는 평화다. 걸음을 옮길 때마다 발 밑에서 돌멩이들이 놀라 바스락댄다. 비가 오면 질퍽거리는 진흙길이 불편했던지 누군가 깔아 놓은 자갈에서 남을 배려하는 고운 심성이 느껴진다. 아파트가 끝나는 곳에서부터는 수많은 발걸음에 다져진 흙길이 구불구불 산으로 이어져 있다. 발가벗고 누운 흙길의 감촉이 좋다. 길 양옆으로는 정성껏 일궈 놓은 채마밭이 오월의 햇살 아래 누워 있고 밭이랑 사이로 바람이 낮게 지나간다. 보송보송 몸을 털고 일어서는 푸성귀들의 싱그러움이 내 안에서 가볍게 물결친다. 두런두런 이야기를 나누며 일에 빠져 있는 노부부의 등 위로 여유로움이 빛난다. 수확에 대한 설렘보다 봄볕에서 일하는 즐거움을 더 값지게 여길 것만 같은 아름다운 사람들.

잠시 멈춰버린 듯하던 시간을 뚫고 까치가 울며 날아 오른다. 어디로 가는 걸까? 커다란 상수리나무를 지나 산아래 솟아 있는 고층 아파트 굴뚝에 까치집이 보인다. 굴뚝을 타고 오르는 사다리

사이에 엉성하게 꾸며 놓은 둥지가 왠지 아슬아슬하다. 나는 잠시 길 옆의 바위에 걸터앉았다.

앙상한 미루나무 위에 지은 까치집도 그다지 위태로워 보이지는 않았는데, 건강한 숲을 두고 하필이면 공해가 심한 굴뚝을 택했는지 궁금하다. 단단한 시멘트 기둥이 비바람을 막아주기 때문인지, 굴뚝의 온기로 겨울을 나기 위한 지혜인지는 알 수 없지만 마치 낯선 동네에 어색하게 보금자리를 꾸민 나를 보는 듯해 숨이 막혀 온다.

예부터 길조라 불리며 인간과 친숙하게 지내오던 까치, 그들도 문명의 편리함에 익숙해져 가는 모양이다. 저들의 세계에도 고층화 바람이 불고 있는 것일까? 굴뚝 꼭대기 근처에 있는 둥지를 향해 까치는 두어 번 쉬어가며 간신히 오른다.

어린 시절 내 기억 속의 까치는, 이슬이 내린 들길 위를 우아하게 날며 먹이를 찾곤 했다. 윤이 나는 흑색으로는 부족했는지 어깨와 배 쪽으로 하얗게 치장을 한 모습 때문일까. 언제까지나 텃새로서의 기품을 잃지 않을 거라 생각했다.

그런데 수십 년 만에 도시에서 만난 그의 모습은 어딘지 어색해 보인다. 도시 생활에 적응하다 보면 까치의 습성도 변하는 게 당연한 이치일 텐데 왜 자꾸 서글퍼지는 것일까. 갑자기 도심지 건물 위에 앉아 구설프게 울며, 하얀 배설물을 난사해 대던 비둘기가 생각났다. 혹시나 까치도 사람들의 무관심 속에서 도시의 오물을 게걸스레 먹지나 않을까 생각하니 그 삶이 처연해진다.

하지만 까치는 혼자서 분주하다. 문명 속에서 상실해 버린 실오라기 같은 자아를 찾겠다고 방황하는 나를 비웃기라도 하듯이. 시대의 흐름에 순응하면서도 의식만큼은 완벽한 자유를 느끼는 것일까. 그 예쁜 꼬리를 까닥거리며 여유롭게 둥지를 들락거린다. 고정된 시각으로 세상을 바라보는 나의 옹색함이 슬그머니 부끄러워진다. 나는 햇살이 달아오르는 줄도 모르고 한참동안 내가 올라온 길을 바라보았다. 까치집 저편으로 보이는 나의 새 보금자리가 정겹게 다가온다. 당당하게 서 있는 아파트 무리를 향해 발길을 돌려놓을 때, 오염되지 않은 까치 소리가 고요한 5월을 깨우고 있었다.

《수필과비평》, 2000년 1월

# 비닐우산

명주실 같은 세우細雨가 내리면 커피 한 잔으로도 행복해진다. 소리 없이 움직이는 빗줄기 속에서 앞산이 성큼 다가와 앉는다. 몇 시간째 산과 들을 적시고 있는 보슬비를 보니 무작정 들길을 걷고 싶다.

선뜻 나서지 못하고 창가에 앉아 음악을 듣는다. 오랜만에 쇼팽의 '빗방울 전주곡'*에 마음만 싣고 거침없이 들길을 걷는다. 닫힌 공간 안에서 배회하던 음악이 격렬해지다가 유리창에 부딪혀 쓰러진다. 하릴없이 창문을 열자 상큼한 공기가 와락 밀려들며 나를 깨운다.

서둘러 우산을 찾았다. 대충 몸 하나 가려 줄 소박한 우산 하나면 족한데, 이것저것 찾아보아도 오늘 같은 날 어울릴 만한 우산은 눈에 띄지 않는다. 세련되고 실용적인 용도로 고안된 우산들만 가득 꽂혀 있다. 이 지나친 풍요가 갑자기 낯설다. 산책을 포기하고 다시 창가에 앉아 음악을 듣는다. 알 수 없는 허기가 고개를 든다.

그와의 데이트가 어색하던 시절, 함께 음악 감상실을 나서는데 소나기가 내리고 있었다. 난처한 표정을 지으며 사라지던 그는 비닐우산 하나를 들고 나타났다. 깊고도 질긴 인연을 맺으려고 그랬던가?

허세를 부리지 않으면서도 당당한 그의 소박함이 무척이나 신선해 보였다.

우리는 갑자기 쏟아진 비로 한산해진 시내를 걸었다. 작은 비닐우산에 몸을 가리고 나란히 걷는 일은 몹시 어색했다. 나는 가슴에 책을 꼭 껴안고 구두 끝에 튕겨 오르는 빗방울만 내려다보며 걸었다. 그에게서 비 냄새가 났다. 작은 비닐우산 때문에 낸 용기였을까. 그가 자연스럽게 내 어깨를 감쌌다. 남들은 비닐우산 속의 우리를 오래된 연인으로 생각했을지도 모른다.

빗줄기가 바람에 흩어져 얼굴에 부딪치면 그가 나보다 먼저 손수건을 꺼내기도 했다. 두근거리는 마음을 애써 감추며 한참을 걸었다. 그렇게 빗속을 걷다 집 앞에 다다를 때도 있었다. 멀기만 했던 길이 비닐우산 아래에서는 가깝게 느껴졌으며 일상적인 이야기도 유난히 따뜻하고 정겨웠다.

설렘이 채 가시지 않은 채 들어서는 내게 할머니는 하루도 쓰지 못할 비닐우산을 샀다며 나무라시곤 하였다. 검소한 생활이 몸에 밴 할머니께 낭만을 이야기한들 지청구만 들을 게 뻔하다. 결코 돈으로는 환산할 수 없는 비닐우산의 매력을 할머니가 어찌 아시랴.

비가 그치고 나면 할머니는 거실 가득 우산을 펴 말리고 정성스럽게 귀를 접는다. 때로는 돋보기안경을 걸치고 실밥이 터진 곳을 조심스레 꿰매시며 흡족해 하셨다. 햇빛 좋은 날 자전거를 타고 외쳐대는 수선공이라도 나타나면 살이 부러진 우산을 새것처럼 바꿔 놓기도 했다. 그것은 비 온 뒤 할머니가 누리는 소박한 즐거움이었으리라.

이상하게 비닐우산은 그와 단둘이 쓸 때만 빛을 발했다. 다시 쓰려면 영 낯설고 어색했다. 데이트하던 날의 감미롭던 추억은 어디론가 사라지고 초라하고 볼품 없는 모양새는 천덕꾸러기가 되고 만다. 제대로 날개를 펴보지도 못하고 신발장에 갇혀 있다 결국 쓰레기통으로 버려지는 것이다.

짧은 영화만 누리고 사라져야 했던 비운의 비닐우산, 그런데도 예고 없이 빗방울이 떨어지면 나는 습관처럼 비닐우산을 떠올린다. 하늘색 비닐 위로 떨어지는 빗소리나, 손끝으로 톡톡 장난을 치면 이내 온몸으로 퍼져오던 빗방울의 느낌. 힘차게 걸을 때는 비닐우산도 덩달아 펄럭펄럭 신명나게 춤을 추기도 했다.

하지만 달콤한 기억만 있었던 건 아니다. 비바람이 심한 날에는 곤욕을 치르기 십상이다. 비닐을 찢어버릴 듯이 때리는 빗소리에 여유는커녕 발걸음은 빨라진다. 화가 난 바람 앞에서 통제력을 잃고 허둥대던 우산은 팽팽하게 부풀어오르다가 여지없이 체면을 구겨 놓고 만다. 치마 뒤집듯 민망할 정도로 대나무 속살을 드러내고 만세를 부르면 다시는 보고 싶지 않던 우산이었다. 하지만 그 추억은 짧게 끝이 났다.

우산도 패션의 일부분으로 자리 잡혀 가는 사이 비닐우산은 내 기억 속에서 사라지고 말았다. 소박한 것은 세련되지 못한 초라함으로, 낭만은 유행에 뒤처진 촌스러움으로 인식되기 시작했다. 자동차 위에 떨어지는 둔탁한 빗소리에 길들여져 가느라 모처럼 비를 만나도 비닐우산을 떠올릴 겨를이 없다. 소중한 것들을 편리함과 맞바꾸어 버렸다. 나는 앞으로 얼마나 더 많은 것들을 가슴속에 간직하고 살아야 할 것인가?

쇼팽을 집 안에 홀로 두고 손에 잡혀지는 우산 하나를 들고 집을 나섰다. 투박하지만 살갑던 대나무 대신 딱딱한 플라스틱 감촉이 온몸에 전해진다. 우산 위로 떨어지는 빗소리를 들으며 들길을 걷는다. 그래도 비가 내려서 행복한 아침이다.

《대구문학》, 2005년 봄호

* 빗방울 전주곡 : 쇼팽이 6살 연상인 여류 소설가 조르주 상드와 지중해 섬 마요르카에서 지낼 때 빗방울 소리에 우울한 마음을 담아 지은 곡.

# 그 찻집

그곳은 월악산 기슭에 있었다. 소식이 끊어진 친구와의 추억을 떠올리며 먼 길을 달려왔지만 퇴색된 목조건물만 늦가을을 배경으로 쓸쓸하다. 오래된 유럽풍 가구와 진한 커피향이 우리를 맞던 곳, 기억은 흔들리지 않고 선명한데 반겨주는 이가 없다. 찻집은 오래 전 문을 닫은 듯 무표정하다. 실연을 당한 연인의 피폐한 영혼처럼 모든 것을 망각한 듯 침묵에 싸여 있었다.

몇 해 전 가을, 인적이 드문 숲 속의 찻집을 중년 부부가 지키고 있었다. 흰 자작나무 수피처럼 세련된 도시풍이 묻어나던 사람들이었다. 지적이면서도 온화한 주인의 이미지는 소설 속에 등장하는 오랜 연인처럼 정겨워 보였다. 저무는 가을 풍경과 클래식이 흐느끼고 있는 어두운 실내는 묘한 조화를 이루었다. 어느 달력의 사진을 연상케 하는 가슴 시린 삶터와 그들의 철학이 궁금했다. 하지만 그들은 우리에게 무심했고, 우리 역시 찻집을 카메라에 담느라 정신이 없었다.

그 후 나는 자주 그 찻집을 그리워했다. 서서히 숲의 일원으로 동화되어 갈 그들을 떠올리면 도시의 복잡한 내 삶이 너무나 비천하게 느껴지곤 했다. 사람들은 그들의 선택을 무모한 일탈이나 철없는 사치라고 말했을지 모른다. 하지만 자기의 세계를 이루기 위한 열정과 도전은 아름답다. 나는 얼마나 오랫동안 숲으로 향하는 꿈을 키워왔던가.

하지만 익숙한 것들과의 결별은 결코 쉽지 않았다. 그것은 내 꿈이 모든 것을 포기할 만큼 절박하거나 간절하지 않다는 것을 의미하기도 했지만, 대부분의 삶이 머뭇거림이나 주저함으로 점철된다는 것을 뜻하기도 했다. 그것이 마치 삶의 겸손한 태도라도 되는 것처럼……. 때문에 나는 새로운 변화를 위한 결단 앞에서의 비장미를 한없이 동경하는 것이다.

그런데 찻집만 덩그러니 남겨두고 그들은 바람처럼 떠나버렸다. 문명의 이기와 인간관계에서 오는 복잡함이 향수처럼 그리웠을까? 아니면 현실적인 문제를 감당하지 못해 찻집과의 인연을 끊을 수밖에 없었던 걸까? 지금쯤 삶을 지탱하기 위해 어디에선가 또 다른 문을 힘겹게 두드리고 있으리라. 그들은 때때로 처마 밑에서 허브가 꽃을 피워대던 호젓한 찻집의 평화로움을 그리워하거나, 고혹적인 몸짓으로 실내를 밝히던 붉은 제라늄을 기억하며 아픔을 달랠 것이다.

찾는 이 없는 적막한 숲속을 바람이 간헐적으로 헤적인다. 늦가을 햇살 속에서 마구 자란 잡풀도 초췌하다. 분위기에 취해 일어설 줄 몰랐던 작은 테이블에도 먼지가 쌓였으리라. 주인 없는 찻집은 여전히 누군가를 그리워하며 기다리고 있었다. 부재가 주는 공허함 속에서 나는 자질구레한 인연들을 떠올린다. 길거나 짧게, 아니면 강렬하거나 은은하게, 램프의 불빛처럼 내 삶의 부분을 밝혔던 수많은 인연들, 엄숙하고 긴장했던 순간조차도 지나고 보면 모두 새털처럼 가볍다.

소식이 끊어진 인연은 마음의 두절을 의미하는 것은 아니다. 더 나은 인연으로 키우지 못하고 쓸쓸한 사진처럼 남아 있음이 가슴 저리다. 더구나 다시는 만나지 못할 인연의 늪 앞에서 때때로 가슴이 시려온다. 인연의 끝을 예감할 때 반사적으로 내적인 거리두기를 서두르기도 하지만, 세월이 흘러도 그 흔적은 좀처럼 지워지지 않는다. 화사한 벚꽃이나 제철에 만난 갓김치 혹은 낯선 타인의 콧날 따위에서도 되살아나는 것이다.

누군가의 가슴 속에 머무르는 일은 존재로서의 의미를 부여받는 일이다. 돌아보면 찰나와 같았고 그리움으로 채색되어 있다. 좀 더 이해하지 못했고 좀 더 사랑하지 못했던 것을 뒤늦게 후회할 뿐이다. 그러나 모든 인연은 아름답다. 인연이 낳은 추억들은 비가 내리는 낡은 영상이거나, 소음을 동반한 채 말려 올라가는 흑백 텔레비전 화면처럼 우리의 가슴을 젖게 한다.

지금 이 시간 내 곁에 누군가가 함께한다는 것은 얼마나 큰 위안인가. 눈빛만으로 위로받을 수 있고, 너무나 편해서 서로의 소중함을 가끔씩 잊고 소원해지기도 하는, 그러면서도 지나친 배려가 오히려 섭섭함이 되는 사람이 있다면 참으로 감사할 일이다. 가만히 곁에 있는 친구의 손을 잡아본다. 수십 년 만나온 친구지만 투명한 햇살과 청렴한 바람처럼 다가온다. 영혼이 열리는 느낌이다.

찻집을 뒤로하고 걸어 나오는데 덤불 속에서 바람이 바스락거린다. 무언가를 두고 온 듯한 마음에 돌아보았다. 지붕 위로 늦가을 햇살이 쏟아지고 솔숲의 향기가 찾아든다. 고독한 찻집은 결코 왜소하거나 궁핍해 보이지 않았다. 그림과 같은 아름다움을 침묵으로 토해내고 있었다.

《영남수필》 43집, 2011년

# 병실에서

별 하나 보이지 않는다.

간호사들의 발걸음 소리와 잠 못 이루는 환자들의 신음만 간간이 밤을 뒤척인다. 병동은 이제 깊은 침묵 속에 빠져들었다. 산책을 하는 아버지의 힘겨운 발걸음만이 희미한 별이 되어 내 가슴에 와 박힌다.

용도조차 알 수 없는 호스들에 연결되어 중환자실에 누워 계신 아버지를 위해 어머니는 대기실에서 불면의 밤을 보냈다. 한낮의 더위를 삼키고도 무심하게 졸고 있는 슬래브 건물처럼 어머니의 표정은 굳어 있고 말씀은 줄어들었다. 건물 안은 후끈거리는 여름의 열기와 보호자들의 초조감으로 숨이 막힌다. 성한 사람마저도 밤을 새우다 보면 병이 날 것만 같은 열악한 조건이다.

그러나 어머니는 사투를 벌이는 아버지를 위해서도, 애를 쓰는 의사나 간호사들에 대한 예의도 아니라며 기어코 보호자실에서 머물기를 고집하셨다. 어쩌면 그런 당위성이야말로 어머니를 가장 편하게 해 줄 수 있는 길이란 걸 나는 안다. 다른 보호자를 찾는 인터폰 소리만 들려도 가슴을 쓸어내리며 달려가곤 하셨다. 한 번도 믿어 보지 않던 신神을 찾거나 밤하늘을 향해 수도 없이 두손을 모았을 게 분명하다.

종합병원은 내게도 낯설고 어색하다. 환자들의 퀭한 얼굴빛과 기계처럼 오고 가는 흰 가운을 입은 사람들, 그것은 나와 전혀 무관한 풍경이었다. 어쩌다 병문안을 갈 때면 결국은 내 건강을 다시 한 번 추스르며 겸허한 발걸음으로 돌아나오는 정도였다. 하지만 이번처럼 병원이 친근하게 느껴진 적은 없다. 의사들은 열두 시간 동안 끼니를 거르고 혼신의 힘으로 수술에 임해 주었다. 그리고 수술실 앞에서 초조하게 기다리는 우리를 주치의는 진지한 표정으로 안심시켜 주었다.

기계적이라 생각했던 그들의 직업에서 아름다운 소명의식이 보였다. 히포크라테스의 후예다움은 아주 소소한 것에서 느껴질 수 있다. 단순히 의사와 환자 사이를 벗어나 신뢰감이 생기기 시작했다. 병원 안에는 보이지 않는 깊고 따사로운 관계들로 얽혀 있었다. 아무리 의술이 발달할지라도 서로간에 믿음이 없다면 완전한 치료는 불가능할 것이다.

의사와 간호사는 아버지의 상태를 점검하기 위해 자주 드나들었다. 그들은 언제나 환한 웃음을 훈장처럼 달고 나타났다. 가끔씩 농담을 던져 아버지의 영혼을 말랑말랑하게 녹여주고 사라지기도 했다. 뿐만 아니라 같은 처지가 되어 애환을 나누며 상처를 어루만져 주는 환자와 가족들도 서로에게 든든한 조력자임이 분명하다. 옆 침상에서 그렁그렁 가래를 토해내는 소리가 이처럼 따뜻하게 들릴 수 있을까?

이상하게 아버지의 병실에 들어서면 지친 하루의 일상이 눈 녹듯이 풀린다. 더불어 살아가는 사람들이나 생명에 대한 외경심보다 아버지라는 존재는 언제나 든든하고 따사로운 울타리일 수밖에 없기 때문이리라. 내가 나타나면 피로가 몰려 형편없이 구겨져 있는 딸의 얼굴을 가만히 들여다보며 손을 잡아 주신다. 눈빛 하나로 아버지의 마음이 찌르르 전해져 오는 순간이다. 투병 중인 아버지가 건강한 나를 오히려 위로해 주는 날이 훨씬 많았다. 그런 아버지를 통해 나는 자신과 이웃에게 얼마나 정성을 다했는가 반문해 보곤 한다. 크레졸 냄새 뒤에 감추어진 삶의 향기는 나의 닫혀진 빗장을 저절로 열리게 했다.

의식을 회복하고 중환자실에서 병실로 옮겨지자 아버지는 읽던 책부터 찾으셨다. 수술 받기 전날, 이미 아버지의 책보따리는 집으로 옮겨진 상태였다. 죽음과 삶의 경계 앞에서조차 집착할 수밖에 없는 그 어떤 것들로부터 인간은 쉽게 자유롭지 못하는 것일까? 사람은 무엇으로, 그리고 무엇을 위해 살아가는가? 우리에게는 아무것도 아닌 병상 일기 따위가 아버지에게는 존재의 이유일 수 있다. 나는 가끔씩 그 일기장에서 위안이나 희망보다는 삶이 주는 잔인함을 맛볼 때도 있다.

지금껏 나는 아픔이 없는 삶은 어둠이 없는 빛처럼 무의미하다고 말해 왔다. 기쁨보다 슬픔이 주는 깊이를 느껴 보라고, 비운의 그림자가 드리워질 때는 조용히 강둑길을 걷듯 맞이해 보라고 말해 왔다. 그것은 인생을 낭만 가득한 소설처럼 쉽게 생각하고 떠들어 온 치기에 지나지 않았다. 고통으로 괴로워하는 사람들에겐 빈 메아리처럼 공허하거나 오히려 분노를 야기했을 수도 있으리

라. 가혹한 형벌 앞에서 여유를 가지고 관조할 수 있는 자는 과연 얼마나 될까? 상처가 곰삭고 나면 누구나 쉽게 떨쳐버릴 수 있지만 아픔 속에 몸담고 있을 때의 상황은 다르다. 삶을 진지하게 바라보지 못하고 환상처럼 생각해 온 나의 어리석음에 아버지의 수술이 일침을 가한 것이리라.

오늘도 아버지는 병상의 부모를 두고 병원비 문제로 말다툼을 벌인 옆 병실 이야기며, 웃통을 벗고 병원을 활보하는 젊은 환자의 몰지각함을 못마땅해 하신다. 그리고 아버지의 다리를 한참이나 주물러 주고 가셨다는 숙부에 대한 자랑스러움도 잊지 않고 들려 주신다. 얼굴 가득 미소가 번진다. 날마다 비슷한 일과들 속에서 아버지가 누리는 특별한 행복을 딸에게 보여 주고 싶으셨나 보다. 그런 아버지를 말없이 지켜볼 수밖에 없다. 내겐 대수롭지 않은 일이지만 작은 것조차 예사롭게 보이지 않는 모양이다. 아버지의 눈에 관심거리가 되어준 이웃과 핏줄의 소중함이 한량없이 고맙다.

하얀 베갯잇 위로 머리카락이 힘없이 빠져 수북하다. 하지만 오늘은 원내 이발소를 다녀오셨다고 한다. 환자복을 걸친 아버지와 깔끔한 머리, 환한 웃음이 오늘따라 더 슬프다. 그러나 아버지의 얼굴에서 희망을 포착하는 순간 나를 휘감고 있던 사념들은 일제히 사라진다. 비록 아버지는 상실감으로 병원을 찾아오셨지만 또 다른 삶의 희망과 기쁨을 안고 나오시리라 확신한다. 큰 산을 품고 흘러가는 깊은 강물처럼 아버지는 분명 초연하게 다시 일어서시리라.

밤바람이 분다. 숲에서는 나뭇잎들이 일제히 파도소리를 내며 쓰러지지만 덩치 큰 병원은 환히 불을 밝히고 밤을 지샌다. 누구를 위한 기다림일까? 아니 무엇을 위한 기다림일까? 나는 굳은살이 남아 있는 아버지의 손을 꼭 잡고 병실로 향한다. 모처럼 아버지의 손이 따뜻하다. 도르르 도르르 링거를 단 삼각대도 힘차게 구른다.

《대구문학》, 2000년 겨울호

# 제부도 연가

제부도는 관념 속에 갇혀 있었다. 어떤 근거로 엉뚱한 형상의 제부도를 그토록 오랫동안 내 머릿속에 각인시켰는지 모르겠다. 분명 오염되지 않은 자연이 화면 가득 펼쳐진 텔레비전을 흘낏거리다 시집詩集 속의 제부도와 조우했을 게 틀림없다. 출렁이는 푸른 바다를 홑이불처럼 걷어차고 누웠을 긴 백사장과 잠 못 이루는 별들이 쏟아져 내리는 섬을 나는 상상하고 있었다.

모세의 기적처럼 하루 두 차례 바닷물이 열린다는 그 미지의 섬에서 고향의 벗들과 하룻밤을 보내기로 했다. 바다의 생명들이 부산하게 살아 움직이는 뻘을 조심스레 빠져나가는 물살, 그 위로 드리운 낙조의 아름다움에 취하고 싶어 가는 길을 재촉했다.

그러나 겨울해는 짧았다. 칠흑같은 어둠 속에서 수많은 횟집과 모텔들의 네온사인만이 이방인의 눈길을 낚고 있었다. 물때 시간에 맞춰 흉물스럽게 모습을 드러낸 콘크리트 찻길로 이어진 섬과의 첫만남은 너무나 어색했다. 진한 립스틱를 바른 소녀의 어울리지 않은 미소처럼 제부도의 밤풍경이 생경해서 편안히 안겨들 수가 없었다. 나는 문명에 고문당하는 제부도의 비애를 생각하다 잠이 들었다.

이른 새벽, 밤새 내린 눈으로 제부도는 하얗게 잠들어 있었다. 쥐똥나무 울타리와 낮은 처마 대신 저마다 덩치가 다른 현대식 건물과 웅장한 간판들 위로 함박눈이 무심하게 쏟아진다. 개발이라는 근사한 말 유혹과 거기에 편승하는 사람들에게 희생된 제부도의 화려한 밤이 못내 애처로웠나. 그런데 바다 위로 가볍게 몸을 띄운 채 상념에 빠져 있는 제부도의 아침은 참으로 평온해 보였다.

폭설 경보를 알리는 방송을 듣고 귀가를 서둘렀다. 이토록 많은 눈을 본 적이 얼마만이던가. 풍만하게 부풀어 오른 설산의 어깨와 나목들의 흰 목덜미가 친근하게 안겨드는 겨울 풍경이 좋다. 아침을 걸렀지만 마음은 빈한하지 않다. 분위기에 취한 탓일까, 친구가 뜬금없이 옛사랑을 이야기했다.

애절한 음악과 함께 그는 벌써 아득한 과거를 더듬고 있었다. 깊고 아름다운 사랑도 사회의 인습과 제도를 쉽게 뛰어넘지 못한다는 친구의 낮은 목소리가 사그락사그락 눈 속으로 빨려든다. 자신의 의지와는 관계 없이 닻을 내릴 수밖에 없었던 아픔을 듣는 순간, 나는 향이 진한 커피가 그리웠다. 아픈 사랑은 아무도 몰래 가슴 속에서만 자랄 것이다.

내 안에선 아무런 의미도 없이 녹아버리는 눈이 그의 가슴속에서는 서걱이며 쌓여갈 것을 생각하니 그가 가진 상처마저 부럽다. 어린 시절 머리를 처박고 소리를 질러대면 웅웅거리며 화답해 오던 깊은 우물을 연상케 하던 그의 눈빛의 정체를 이제야 알 것 같다. 담배를 한 개비 피워 문 그는 그녀가 그립다고 했다. 그의 가슴속에서 눈물처럼 자라고 있을 명징한 아픔이 내게로 밀려든다. 그들의 사랑을 갈라놓은 현실의 제도권은 너무나 가혹하고 폭력적이다.

하지만 그가 사랑을 지키지 못하고 무릎을 꿇는다는 게 더 안타까웠다. 조심스럽게 옛사랑을 찾아보기를 권했다. 그가 고개를 흔든다. 여전히 현실의 규범과 도덕에 체면을 걸 듯 자기를 구겨 넣고 있음에 가슴이 아프다. 때로는 거추장스러운 페르소나를 벗어버리고 진정한 나를 찾는 일이 이토록 어려운 일인가? 그의 담배연기만 방향을 잃고 흩어질 뿐이다.

나는 그에게 어떤 위로도 해줄 수가 없다. 경험하지 못하고 느껴보지 못한 세계는 나에게 피상적일 수밖에 없기 때문이다. 지금까지 내 그릇의 크기만큼 내 안에 존재해 왔던, 오랜 친구인 그가 갑자기 크게 보인다. 내 안에선 일정한 습도와 기온 속에서만 살다 빛과 공존하지 못하고 사라지는 순백의 결정체에 불과한 눈이 지금 그에게는 어떤 의미로 다가 올까?

정형화된 세계에는 여백과 여유가 없다. 그런데도 현실의 수많은 규범과 제도를 나는 익숙한 옷처럼 걸치고 주체적인 삶을 강조해 왔다. 진정한 자유와 자율성이란 늘 제도권 안에서만 가능한지 조심스럽게 반문해 본다. 그와 나는 각각 다른 상념에 빠져 말이 없다. 차 안에는 침묵이 흐르고 눈은 지칠 줄 모르고 쏟아진다.

문득 그의 아픔에 동화되고 싶다고 느낄 때 제부도가 떠오른다. 시대에 조난당하지 않기 위해 변화를 서두르면서도, 가끔은 바다에 홀로 떠 완강하게 섬이기를 고집하는 제부도의 고뇌. 그것은 섬으로서의 본질을 잃지 않으려 애쓰는 아름다운 몸부림이다.

눈송이가 굵어진다. 우리가 탄 차는 여전히 자기만의 감각을 찾지 못한 채 잘 닦여진 길 위를 미끌거리며 달린다. 마치 앞차를 좇는 것이 최선인 양 그렇게 조심스럽고도 천천히, 하지만 긴장감을 늦추지 않는다. 하염없이 눈은 내리는데…….

《영남수필》 38집, 2006년

# 인연 따라 가는 길

모처럼 가을 하늘이 넓다. 차창 밖으로는 며칠 전까지 차분하게 내려앉던 가을이 맑은 햇살 사이로 황홀하게 일렁인다. 추수가 끝난 들녘은 바람 한점 없고, 조지 윈스턴의 단조로우면서도 경쾌한 음률이 조용한 계절을 흔든다.

사전 지식도 없이 무턱대고 몸만 떠난 여행인지라 포항에서 만난 동행인의 친구가 안내를 맡아 주었다. 친구의 집에는 가을 햇살인지 행복인지 분간하기 어려운 따스함이 배어 있었다. 처음 만난 것 같지 않은 친구의 편안한 미소에서 걸러지지 않은 가을 공기가 느껴졌다.

우리는 오어사로 향했다. 복잡한 생활 속에서 훌훌 벗어나 은빛 머리칼을 날리는 억새와 파리한 쑥부쟁이를 보며 연신 감탄했다.

넓은 호수를 끼고 작은 다리를 건너서 오어사는 동쪽 기슭에 자리 잡고 있었다. 신라 고승인 원효와 혜공이 수도할 때, 법력으로 개천의 고기를 먹은 후 다시 살려 내자는 내기를 하였다. 그런데 두 마리 중 한 마리는 죽고 한 마리만 살아남게 되자, 서로 내 고기라 하여 오어사吾魚寺란 이름이 붙여졌다고 한다.

절을 감싸는 운제산은 대부분 관목과 활엽수들로 이루어져 있어 어지간히 단풍이 곱다. 작은 바람에 색색깔의 나뭇잎들은 물 위를 떠다니며 가을을 이야기하고, 특히 노란 참나무숲 아래 대나무들의 몸 비벼대는 소리는 절묘한 조화를 이룬다.

주변의 풍경에 도취된 나를, 동행한 그녀가 탱화에 대한 해박한 지식으로 흔들어 깨운다. 자연스럽지 못한 채색과 일본 분위기가 느껴지는 가는 얼굴선, 둥근 콧등을 날카롭게 지적하는 그녀의 이야기를 들으니 고개가 끄덕여진다. 대웅전의 아름다운 사방 연속 연꽃무늬 창살과 작고 빛바랜 목어, 거기에다 창건설화까지 한몫을 하며 한국적인 즐거움을 안겨주는데 일본풍이라니.

때마침 예불을 올리는 스님의 독경 소리가 냉랭하게 들리는 것은 이런 까닭이리라. 일본식 판자 울타리로 둘러쳐진 오어사는 왠지 세계화에 중심을 잃고 짓눌린 한국의 얼굴을 보는 듯하다. 그녀와 나는 씁쓸한 마음을 달래며 원효암으로 발길을 돌렸다.

오어호를 건너는 폭 좁은 다리 위에서 문득 물속에 잠겨 있는 동전들에 눈길이 멈췄다. 물속에 던져진 동전들은 나름대로 크고 작은 사연을 담고 있을 것이다. 사람들은 소망하는 바를 얻기 위해서 그만한 몫을 버릴 줄도 안다. 얼마나 많은 사람들이 동전을 던졌을까? 인간의 욕심은 채워도 끝이 없고 비워도 한이 없는 모양이다.

호수 옆 비탈길을 도는 곳에 '인연 따라 가는 길'이란 낡은 나무판이 돌에 기댄 채 비스듬히 누워 있다. 그 길을 따라 낙엽에 깔린 오솔길이 폭신하게 이어져 있다. 우리는 발자국을 조심스레 옮겨놓으며 나에 대해, 그리고 그녀에 대해서 진솔하게 마음을 열어놓기 시작했다.

인간은 물질적인 면에서든 감정적인 면에서든 만남의 인연을 떠나서는 살아갈 수 없다. 어떤 인연이든 아무런 기쁨 없이 단순하기만 하다면 우리의 생활은 무미건조해 질 것이다. 사람들과 자연스러운 관계를 이루지 못해서 고민이 많던 나는 그 길을 걸으며 인연의 소중함에 마음을 모아본다.

선명한 꽃잎과 가시가 알맞게 어우러진 부겐베리아를 연상시키던 그녀에게서 국화 같은 기품과 숨겨진 은은함을 보았다. 대화를 통해 상대방의 새로운 모습을 발견하는 것도 만남의 큰 즐거움이리라.

둘이서 팔짱을 끼고 낙엽 사이로 드러난 돌 징검다리를 사뿐사뿐 건너 뛰며 비탈진 산길을 오른다. 가슴 넓은 자연이 우리의 인연을 지켜보는 가운데, 그녀는 차츰 편안한 벗이 되어 내 안에서 사박사박 소리를 내며 걷는다.

천지가 조용하다. 마른 나뭇잎이 천천히 내 어깨를 스치며 떨어질 때, 중년 남녀가 오순도순 이야기를 나누며 올라온다. 그들은 어떤 인연으로 함께 이 길을 걸을까? 인내와 사랑으로 다져진 원숙한 부부라도 좋고 진심으로 서로를 아껴주는 오래된 친구 사이라도 좋다. 다만 그들의 인연이 서로에게 기쁨과 충만함으로 맺어진 씨줄과 날줄이라면 족하지 않겠는가? 나와 엮여진 수많은 인연들에 새로운 의미를 부여하고 노력하리라 마음 먹으며 귀가를 서둘렀다.

오어사로 향하는 발길은 뜸해지고, 호수 속에는 단풍에 덮인 운제산이 잠겨 있었다.

소중한 인연의 울타리로 돌아가라고 운제산은 조용히 나를 떠밀었다.

《수필과비평》, 2000년 7월

# 보내는 마음

아이들이 서너 살이 될 무렵, 우연히 인테리어 잡지에서 붉은 벽돌을 이용한 원목 책장을 보았다. 스킨답서스의 싱그러움과 조화를 이룬 운치 있는 책장에 나는 완전히 매료되었다. 남편에게 도움을 청하자 좋은 책장을 하나 사는 것이 훨씬 실용적이고 경제적이라고 거절한다. 하긴 연년생의 두 아이를 키우는 것만도 만만치 않은데 남편의 생각을 섭섭해 할 수만은 없다. 그렇지만 책장은 며칠 동안 뇌리에서 떠나질 않고 괴롭혔다. 결국 혼자서 똑같은 책장을 만들기로 마음먹었다.

다행히 친구가 질 좋은 목재를 구하러 함께 다리품을 팔아 주겠노라고 했다. 많은 목공소를 들렀다. 윙윙 돌아가는 기계음과 거친 목재들 사이를 비집고 다녔지만 썩 마음에 드는 게 없었다. 간혹 자재가 마음에 들어 부탁하면 소량 주문은 오히려 작업에 방해가 될 뿐이라며 손사래를 쳤다. 간단한 널빤지처럼 보이지만 일거리가 많다는 이유에서였다. 이윤을 먼저 생각해야 하는 그들에겐 별로 달갑지 않은 손님인 셈이다.

허탈함을 안고 마지막으로 들렀던 작은 목공소에서 내 주문을 흔쾌히 받아주었다. 아이를 들쳐 업은 새댁의 모습이 안쓰럽게 보인 모양이다. 마음 좋아 보이는 주인은 평생을 쓸 수 있는 단단한 나무를 골라 주겠노라고 약속했다. 며칠이 지난 후, 거실 길이에 맞게 미끈하고 잘생긴 오동나무 널빤지가 도착했다. 목공소 사장님은 거칠고 고운 두 종류의 사포를 주면서 상세하게 일러 주었다. 여러 번 사포질을 하고 니스를 발라야 색깔 좋고 거칠지 않은 책장이 된다고 몇 번이나 당부를 하고 떠났다.

나는 작업하기 좋도록 계단에 하나씩 하나씩 옮겨 세워 두었다. 무거웠지만 옮길 때마다 가슴이 설레기 시작했다. 안을 때 느껴지는 나무향이 좋았다. 그러나 퇴근 무렵 남편은 일렬로 서 있는 널빤지를 보고 기겁을 했다. 관의 행렬처럼 소름 끼쳤다는 그의 표현에서 도움을 바라지 말라는 뜻임을 단번에 알아차렸다. 섭섭함도 잠시, 해내고 말리라는 오기가 생겼다.

다음 날부터 남편이 출근하자마자 외로운 작업에 들어갔다. 무거운 널빤지를 앞뒤로 뒤척이며 사포질과 니스칠을 하기란 생각처럼 쉽지 않았다. 딴엔 용을 썼는지 밤이면 끙끙 앓는 소리를 낸다고 남편이 안쓰러워했다. 널빤지는 계단에 비스듬히 몸을 기댄 채 하루하루 인물이 더해갔다. 1m 80㎝의 큰 키에 윤기나는 몸매를 가진 7개의 나무판, 그는 생명력 넘치는 연인이다. 나는 사랑스러운 눈길로 하루에도 수십 번씩 그들을 살펴보았다. 상아로 만든 조각상을 너무나 사랑하여 결국 생명력 있는 아내로 만들었다는 피그말리온이 생각난다. 날이 갈수록 육체적인 고통이 심해지는 만큼 뿌듯함과 희열감도 배가되었다.

일주일 동안의 정성 속에서 원목이 자기만의 때깔로 태어났다. 나는 거칠고 투박한 붉은 벽돌을 사와 한 켜 한 켜 단을 쌓는다. 그의 큰 키가 불편함 없이 누울 수 있도록 기울기를 맞춰가며 책장을 만든다. 스스로가 자랑스럽다. 도움을 청하지 않고 해낸 내가 대견했던지 남편도 밤늦도록 책 정리를 도와주었다. 잡지 속의 책장과는 비교도 안 되는 멋진 책장이다. 애정을 쏟는다는 것, 그것만큼 아름답고 의미있는 관계 맺음은 없다. 난산 후의 아이를 받아들 듯 뿌듯한 충만감과 설렘으로 그날 밤 나는 잠을 이루지 못했다.

그 후 여러 번 이사를 할 때마다 책장이 거실을 차지했다. 세월이 흐를수록 아파트 평수가 넓어지고 책도 점점 많아졌다. 그러자 책을 많이 꽂을 수 있는 깔끔한 새 책장이 그리웠다. 많은 자리를 차지하고 벽돌 틈새로 쌓이는 먼지도 눈에 거슬리기 시작했다. 벽돌이 차지하는 자리엔 어림잡아도 백여 권은 꽂을 수 있다. 이 방

저 방 흩어져 있는 책들도 한 곳으로 모으고 싶었다. 여러 번의 고민 끝에 결국 책장을 바꾸기로 하였다.

깔끔한 새 책장이 위무도 당당하게 거실을 차지해 버렸다. 붉은 벽돌은 베란다에 작은 화단을 만들 쓰임을 찾았지만 원목 널빤지는 하루아침에 천덕꾸러기가 되고 말았다. 그는 이제 볼품없고 초라한 널빤지에 지나지 않는다. 존재의 가치가 사라진다는 것만큼 쓸쓸한 일도 없으리. 베란다 귀퉁이에 우두커니 서 있는 것을 볼 때마다 마음이 짠해 왔다.

그러던 중 헌 책장을 사고 싶다고 T씨가 전화로 물어왔다. 소박한 성품과 책을 좋아하는 여자였다. 잠시 동안 나는 수화기를 든 채 고심했다. 넓은 집으로 이사가면 다시 쓰리라 마음 먹었던 소중한 물건이다. 그러나 적잖은 세월이 흘러야 할 것이며, 책장은 자기의 가치를 알아주는 주인을 원할지도 모른다는 생각을 하며 주겠노라고 답해 버렸다.

전화를 끊고 나니 한동안 마음이 허전하다. 소중한 분신을 떠나보내는 것 같다. 처음 만났던 그날처럼 잠이 오질 않았다. 온밤을 꼬박 뒤척였다. 그리고 그녀가 어느 정도의 대가를 지불하겠다는 호의마저 단호하게 거절했다. 그것은 책장에 대한 나의 마지막 예의였기 때문이다.

다음 날 오후 아들과 함께 베란다에 앉아 책장을 닦았다. 머지않아 우리 곁을 떠날 그의 묵직한 등짝을 어루만지며 걸레질을 했다. 그의 몸에서 따뜻한 피가 흐르는 것 같다. 쿵쾅쿵쾅 심장이 뛰는 것도 같다. 딸아이가 글자를 익힐 무렵인가 보다. 비뚤비뚤 어색하게 쓴 연필 글씨며 크레파스 자국이 눈에 띈다. 연년생 아이를 키우기 힘들어 질금질금 눈물을 삼키면서 책장을 만들던 과거가 되살아나 괜스레 목이 멘다. 짧지만 우리 집 역사가 서린 물건이다.

우리 집에서는 쓸모가 없어졌지만 새 집에 가면 귀여움 받을 거라고 눈치 빠른 아들이 나를 위로한다. 쓰지도 않으면서 남 주기를 아까워하는 못난 마음을 탓해 본다. 처음 마음으로 끝까지 책장을 아끼지 못한 나의 태도도 부끄럽다. 사람이나 물건이 싫증날 때는 가슴 설레던 첫만남을 떠올린다면 새로운 정이 느껴지리라. 오래된 것이 주는 안온함이 결국 눈물을 쏟게 만들었다.

벽돌을 나르는 아들의 손길이 빨라지고 베란다가 훤해질수록 내 마음은 빈 들처럼 쓸쓸해져 온다. 진정으로 아끼는 물건을 누군가에게 선물하는 법을 배우는 중이라고 스스로 위안해 보았다. 받는 즐거움에만 익숙해져 왔던 습성을 바꾸기는 쉽지 않으리.

해거름녘 책장은 내 곁을 떠났다. 말 한 마디 없이 초라하고 쓸쓸한 뒷모습만 보인 채 작은 트럭에 실려 총총히 사라졌다. 책장이 있던 자리는 공허하고 스산했다. 나는 한동안 서서 그가 있던 자리를 바라보았다. 서서히 가슴 한 켠이 다시 젖어온다.

《대구문학》 2004년

# 3

## 여행과 자유

travel & freedom

# 차나무와 삼나무

언젠가 남도의 차밭을 홀로 찾고 싶었다. 완만한 차나무의 물결과 이국적인 평온함을 배경 삼아 사진을 찍던 수년 전 여름과 달리 조용히 삼나무 오솔길을 걷고 싶었다. 인적 없는 찻집에 앉아 사색의 즐거움을 엽서에 담아 띄우리라. 그 느슨한 여유가 친구들에게 전달될 때쯤이면 나는 차밭을 잊고 일상에 젖어 있을 게다. 용기가 없는 내게 그것은 늘 이루지 못할 꿈에 불과했다. 그런데 우연찮은 부부싸움으로 혼자 남도의 차밭까지 흘러들었다.

소리내어 다투거나 무언의 항쟁으로 신경전을 벌이고 싶지 않은, 더구나 아이들에게 애꿎은 화풀이를 해대고 싶지 않은 일요일 아침이었다. 여자가 참고 살아야 하는 구조적인 모순을 알면서도 희생될 수밖에 없는 삶에 불현듯 반기를 들고 싶었다. 어디든지 혼자 떠나 나의 존재를 확인하고 싶었다.

서둘러 화장을 했다. 무심하게 쳐다보는 남편의 태도에 그동안 잘 다스려 왔던 충동들이 반란을 일으킨다. 오늘부터 우유부단하고 소심한 나의 성격을 스스로 경멸하리라. 비장한 각오로 집을 나섰다. 차의 시동을 걸고 아파트를 빠져나오는 순간 앞이 막막하다. 어디로 가야 할 것인가. 마음 편하게 하루를 맡길 곳이 없다.

사거리 신호등 앞에서 절절히 파고드는 외로움을 맛본다. 내 삶은 적색 점멸등으로 깜박이는데, 차들은 나를 제치고 신명나게 앞서간다. 청명한 햇살, 눈부신 나뭇잎, 경쾌한 걸음걸이들이 인도를 누볐다면 틀림없이 눈물을 쏟고 말았을 게다. 비를 뿌릴 듯 흐린 하늘이 그나마 위안이 된다.

목적지 없는 드라이브를 꿈꾸며 88고속도로로 접어들었다. 한적한 도로 위로 보슬비가 내리고 음악이 흐른다. 미끄러지듯 차가 달린다. 우울함이 사라지고 바보스러울 만큼 편안하다.

친구가 늦도록 공부를 하여 교수가 되던 날, 그녀의 하얗게 세어버린 머리카락과 지쳐버린 표정이 먼저 떠올라 기쁨보다 안쓰러움이 더했던 기억이 있다. 하지만 창가에 한들거리는 아카시아 한 그루가 있는 작은 연구실을 보는 순간 그녀의 노력이 헛되지 않았음을 느꼈다. 수고로움의 대가는 자기만의 공간이 주어진다는 것. 열심히 살아왔다고 자부했던 나는 어떤 명예나 보수보다 그녀의 연구실을 부러워했었다. 친구의 연구실에 비할 바는 아니지만 내게도 이동할 수 있는 나만의 공간이 있다. 누리고 있는 것들이 얼마나 소중한지 그 가치를 깨닫는 지금 애써 소유의 즐거움을 부정하고 싶지 않다.

호수가 딸린 휴게소에 들렀다. 오늘만큼은 김밥을 우적우적 씹거나, 면발이 긴 우동을 소리내어 먹으며 배를 채우지는 않으리라. 토스트와 커피 한 잔으로도 호사스러운 아침이다. 귀퉁이에 열린 할인도서 코너에서 운이 좋게도 로자문드 필처를 만났다. 역경 속에서도 낭만과 겸허함을 잃지 않는 노년의 삶을 다룬 '조개 줍는 아이들'. 신혼시절 그 책은 나의 미래상이었다. 따뜻하게 눈빛이 빛나고 마음이 젖어들 수 있는 황혼. 그런데 뜻하지 않게 지치고 건조한 중년의 모습으로 나는 그녀를 만나고 말았다.

마음이 무거워져 온다. 지도 위에는 시원스레 뻗은 길들이 유혹한다. 광주를 목적지로 잡고 액셀러레이터에 힘을 가한다. 익숙한 일상처럼 고급 레스토랑을 찾아 식사를 하고 한 편의 영화를 보리라. 그래도 시간이 남으면 망월묘지에 들러 민주화를 위해 숨져 간 이들의 명복을 빌며 지성인다운 예의도 갖추리라.

하지만 낯선 도시는 당당하고 주체적으로 보이기 위해 안간힘을 쓰는 방문객을 반기지 않았다. 이름에서 느껴지던 친근감이나 신선함은 사라지고 모든 게 생소하고 두렵다. 말로만 듣던 금남로나 고급 음식점이 어디에 있는지 막막하다. 조선대학교나 무등산이란 낯익은 이정표를 따라다니다 그만 외곽지로 빠지고 말았다.

화엄사를 생각하다가, 보성이란 이정표가 보이자 불현듯 차밭을 떠올린다. 목적없이 배회하는 스스로를 격려하고 다독인다. 어딘들 어떠랴. 발길 닿는 대로 움직일 수 있는 여유만으로 족하지 않은가. 차는 남도의 차밭으로 달리고 있었다.

차밭은 만원이었다. 느긋하게 차 한 잔을 마시거나 엽서를 쓸 만한 곳은 보이지 않고 음식점은 사람들로 북적인다. 흘금거리는 시선을 의식하며 남은 귀퉁이 자리를 비집고 들어갈 용기가 나지 않는다. 나는 천천히 삼나무 오솔길을 따라 걸었다.

삼나무는 의연했다. 차나무들은 가지런히 몸을 낮춘 채 겸손하게 산을 감고 있었다. 남도의 차밭이 아름다운 이유는 이 때문이리라. 삼나무가 없는 차밭이나 차밭이 없는 삼나무의 풍경은 어딘지 허전하다. 너무나 다른 둘이 서로의 배경이 되어 주면서 완벽한 하나를 이루는 음과 양의 조화. 나는 그에게, 그는 나에게 서로의 배경이 되어 주는 일에 최선을 다했던가. 보슬비가 내리는 남도의 차밭에서 나는 문득 남편을 떠올린다. 그리고 진정한 나의 정체성에 대해서도 생각한다. 공허하던 마음이 알 수 없는 미안함으로 따뜻해져 온다.

서서히 정신이 들자 호기를 부리며 달려왔던 방향을 가늠할 수가 없다. 눈에 익은 표지판을 따라 거슬러 올라가기란 쉽지 않았다. 나를 찾아 나선 길의 목적지는 결국 원점인 셈이다. 어둠은 짙어가고 어깨도 뻐근해져 온다. 주변을 살필 줄 모르고 앞만 보고 달려왔던 어리석음에 대한 죗값이리라. 밀랍 날개를 잊은 채 비상을 꿈꾸다 추락한 이카로스가 떠오른다.

집이 가까워 오자 전화 한 통 없는 남편의 무심함이 못내 섭섭하다. 지친 몸으로 현관문을 열고 들어서니 깨끗한 집 안이 반긴다. 설거지며 청소며 애쓴 흔적이 뚜렷하다. '저녁 먹지 않았으면 집 앞 식당으로 올 것.' 남편의 낯익은 글씨체에 눈이 가는 순간 주책없이 눈물이 흐른다. 그제야 시장기가 돈다.

삶에서만큼은 남편이 나보다 한 수 위이다. 스스로 깨닫기를 기다리고 참아준 그의 단수 높은 묘책에 나는 늘 완패하고 마니까. 화려한 반란이 미수에 그치고 마는 것은 보이지도 않고 종잡을 수도 없는, 사랑이라고 말하기에는 어딘가 멋쩍은, 그 줄다리기 때문이 아닐까.

《수필과비평》 2005년

# 해바라기

폭염에 싸인 시간은 푸른 정맥처럼 도도하다. 무더위가 당연한 여름날, 도저히 평화라고는 느낄 수 없다. 버스는 지치는 기색도 없이 독일의 심장부를 향해 달린다. 시선은 차창 밖을 향한 채 나는 생각 속을 유영한다. 딱히 할 일도 없었기에 그것은 난해한 미로처럼 재미있다. 쉽게 닿을 수 없어 빈곤하면서도 풍부한 여정들의 연속, 강렬한 태양 아래 끊임없이 일어나는 새로운 느낌과의 만남이 좋다. 그것은 폭염 속에서도 즐길 수 있는 멋진 여행이다. 나는 거역할 수 없는 사념 속으로 빨려들어 갔다. 잔잔한 평화가 이어진다.

꿈결처럼 나타난 노란 평원이 동공을 확장시킨다. 끝없이 펼쳐진 해바라기 밭이다. 소나기를 만난 듯 차 안은 술렁이고 탄성들이 쏟아진다. 폭염으로 여행을 망쳤다며 침울해하던 사람들의 얼굴에서 환한 미소가 피어난다. 짧은 순간이지만 그들은 행복해 보였다. 인간이 가진 본래성이란 이토록 소박한 것이다. 작은 것에 가슴 젖을 줄 아는 영세한 광경 앞에서 나는 존재의 아름다움을 맛본다.

불을 토하는 포염 아래, 해바라기 무리는 압도적이다. 엇비슷한 키와 동일한 색채, 같은 곳을 향하는 몸짓을 바라보며 개별성 따위는 접어두기로 했다. 무리 지어 핀 꽃들 앞에 서면 숙연함과 함께 언제나 슬픔이 밀려들었다. 목적성에 가려진 소리 없는 침묵들, 혹은 양 앞에서 무력해지는 존재의 가치 따위가 생각나는 것이다.

그럴 때마다 엄숙한 타지마할이 떠오르고 머릿속으로 서늘한 바람이 한 차례 지나가곤 했던 것이다.

노랗게 가려진 베일 건너편에서 누군가가 걸어 나온다. '해바라기'에서 열연했던 소피아 로렌이다. 그녀는 무리지어 핀 꽃이 아니었다. 애절한 눈빛으로 그녀만의 사랑을 지켜온 고독한 해바라기다. 오직 그리움과 기다림을 위해 존재하는 꽃, 그녀의 외로움 속에는 고고한 아름다움이 있었다. 태양을 좇는 해바라기의 일념과도 같은 카리스마가 돋보였던 영화였다.

저음의 첼로 음색이 연상되던 소피아 로렌의 눈빛은 참으로 매혹적이었다. 그녀는 사랑 앞에서 야단스러울 만큼 당당했다. 전장으로 떠나 소식이 끊어진 남편 안토니오를 찾아 황량한 러시아 벌판을 헤매던 그녀의 큰 키와 열정적인 눈, 두툼한 입술 그리고 무너지지 않는 사랑의 신념은 우크라이나 벌판을 지키는 해바라기보다 아름다웠다.

새 가정을 꾸린 채 그녀를 알아보지 못하는 남편 안토니오, 우수에 젖은 그녀의 절망적인 눈빛, 무엇보다 나를 매혹시킨 것은 아픔 속에서도 배어 나오는 그녀의 너그럽고도 도도한 기품이었다. 그녀는 참으로 우아하고 중후했다. 애절함과 섬세한 기다림으로 꽉 찬 러브 스토리는 대학 초년생이던 나를 사로잡았다. 사랑 앞에선 열정을 가지되 결코 비굴해져서는 안 된다는 강한 신념을 심어주었던 것 같다.

사랑이란 이름의 보편성 뒤에는 언제나 개별성을 전제로 한다. 끊임없이 사랑을 갈구하는 사람들과 수도 없이 잉태되어지는 사랑의 다양성, 흔하디흔한 사랑이야기가 시대의 흐름 속에서도 감미로울 수밖에 없는 것은 이 때문이 아닐까? 하지만 이 시대는 아픔이 없는 사랑을 갈구한다. 아니, 사랑이 아픔을 외면하는 시대에 우리가 살고 있다는 편이 나으리라. 참고 기다리는 성숙된 사랑은 찾아보기 힘들다. 때문에 사랑이 범람하는 시대에 살면서도 우리

는 모두 고독한지 모른다.

한낮의 때 아닌 몽유 탓인지 내 안의 기억들이 노랗게 현기증을 일으키며 물결친다. 소피아 로렌처럼 우아한 해바라기가 되기를 꿈꾸던 내 젊은 날엔 장미 같은 심장이 있었다. 하지만 어느새 청춘은 사라지고 가치관은 힘을 잃어버리고 말았다. 나는 갑자기 상실감에 젖은 채 해바라기 밭을 서성인다.

혼자 남겨진 듯한 단절감들이 엄습한다. 길이라고는 보이지 않는 노란 평원에서 나는 용케도 출구를 찾아낸다. 삶이란 끊임없이 잃어버린 것들과 재회하기를 꿈꾸면서도 늘 새로운 것들과 닿아 있다. 감성과 꿈은 소멸되어 간다. 그러나 또 다른 것에 기댈 수 있음은 얼마나 감사한 일인가. 폭염 속에 주어진 오늘 하루가 유난히 사랑스럽다. 어쩌면 한때 불태웠던 사랑과 꿈이 있어 브레이크가 풀린 세월조차 스산하지 않으리라.

어느 결에 버스 안에는 '라라의 테마'가 흐른다. 하지만 버스는 속도를 의식하지 않고 아우토반 위를 달려 나갈 뿐이다.

《대구문학》, 2011년

# 섬

섬은 고독하고 외롭다. 하지만 강인함을 잃지 않는다. 언제부터인가 내 안에 깊이 뿌리내리고 있는 섬과의 조우, 그것은 실재의 섬과 어떤 등식의 상관관계를 맺고 있는지 모르지만, 붉게 물든 동백꽃 위에 쌓인 얼음눈의 비애처럼 나를 사로잡는다.

섬을 찾아 나선 나의 용기는 언제나 바다 앞에서 무너지곤 했다. 섬이 바라보이는 육지 끝자락에서 여장을 푸는 게 고작 다였다. 섬을 볼모로 한 바다는 언제나 당당해 보였다. 나는 육지 끝자락에 앉아 작고 여린 섬이 풀어내는 삶의 애환과 다양한 표정을 느긋하게 관조하곤 했다. 그럴 때마다 바다의 위력에 굴하지 않고 세상사로부터 초연한 섬처럼 존재하고 싶어진다. 감옥 안에서 진정한 자유를 터득하듯, 섬은 거친 바다의 품 안에 갇혀 있으면서도 세상의 조악한 것들로부터 벗어나 있다. 나는 죽는 날까지 그런 섬이기를 꿈꿀 것이다.

바다가 보이는 창가에서 아침 햇살이 유혹한다. 이름도 모르고 눈으로만 인사를 건네 온 섬들이 오늘따라 더 아름답다. 친구가 작은 섬을 가리킨다. 겨울나무의 외로움이 손에 잡힐 듯하고 하얀 백사장을 어루만지는 바람소리가 들리는 듯하다. 그러나 바다와 섬은 말이 없다. 통통배 소리도 들리지 않는다. 호수처럼 잔잔한 물결 위로 쏟아지는 햇살을 바라보며 나는 잠시 망설인다.

언제부턴가 햇살 좋은 날의 외출이 두려워졌다. 느지막한 햇살은 내 정신을 야금야금 태우며 기세등등하게 정오를 향해 나아가곤 했다. 그럴 때면 햇살이 가져온 나른한 정신의 부재를 대책없이 경험해야 했다. 잠깐이지만 그것은 존재의 몰락과도 같은, 결코 유쾌하지 못한 경험이다. 친구가 끈질기게 설득하지 않았다면 나는 컴컴한 방 안에서 뒹굴거나 책을 보며 하루를 보냈을 것이다. 주섬주섬 옷을 입고 채비를 하는 동안에도 마음은 내키지 않는다.

운이 좋았다. 숙소 가까이에서 섬에 닿을 수 있는 뱃길이 열렸다고 한다. 번거롭게 고기잡이배를 빌려 타지 않아도 될 뿐만 아니라 첫 운항일이라 뱃삯도 반액 할인이다. 유치하다고 여겼던 작은 것들이 가끔은 즐거움을 안겨주기도 한다. 한 무리의 낚시꾼들이 날리는 웃음소리만 배 안에 출렁일 뿐 승객이라곤 두서너 명의 섬 주민이 전부다. 섬에 대한 정보가 없어 우리는 뱃삯을 받는 선원의 말을 따르기로 했다. 그의 이야기는 과장되고 어설펐지만 모자란 인간 냄새가 나서 좋았다. 허리에 두른 커다란 전대는 애교스러운 훈장처럼 보였다. 구릿빛 얼굴과 꾸미지 않은 미소에서는 신뢰가 묻어났다.

무작정 그가 소개해 준 섬에 내렸다. 달랑 두 명의 손님을 내려놓고 배는 길게 고동을 울리며 다음 섬을 향해 떠났다. 인적 없는 섬은 뜻밖에도 평화롭다. 끊임없이 무언가를 찾아 헤매던 나의 욕망이 잠시 닻을 내린다. 깔끔하고 조용한 미소년 같은 섬이다. 멀리서 백사장이라 보였던 곳은 잘 닦여진 해변도로였으며, 고독해 보이던 나무들도 초롱초롱 맑은 눈으로 섬을 지키고 있었다.

라면 한 그릇으로 늦은 점심을 떼우고 우리는 해안을 따라 걷는다. 아무도 없는 바닷가를 싸늘한 겨울바람이 동행해 주었다. 바다를 등진 벤치에 앉아 이야기를 나눈다. 나보다 훨씬 젊은 꿈들이 여전히 곰실거리며 섬을 기웃거리고 갇혀 있던 꿈이 향기를 내며 풀려 나온다. 어쩌면 우리의 꿈은 너무나 소박해서 이루기 힘든지 모른다.

냉기가 흐르는 빈집에 홀로 서 있는 동백나무가 무심해 보이지 않는다. 주인은 꿈을 위해 뭍으로 떠났고 홀로 남은 동백나무의 꿈은 처연하다. 해마다 동백나무는 외로움 속에서 피를 토하듯 꽃을 피우리라. 나는 작은 집 창가에 앉아 커피를 마신다. 책을 읽다 심심하면 비가 내리는 바닷가를 맨발로 걸어 보리라. 처마 높이만큼의 창을 내어 밤낮으로 바다의 숨소리도 들으리. 꿈은 점점 구체적으로 그림을 그리기 시작한다. 숨이 멎을 것만 같다. 그런데 예고도 없이 뱃고동이 나를 깨운다. 짧은 행복은 막을 내렸

다. 손에 잡힐 것만 같던 꿈이 물거품이 되어 사라졌다. 내 안에는 허전함만 출렁인다.

배에 올라서도 우리는 한동안 섬을 이야기했다. 하지만 육지가 가까워 올수록 따뜻한 샤워와 풀 먹인 시트가 깔린 침대가 그리워졌다. 노곤한 육신이 저절로 풀릴 것만 같다. 내 인생의 대부분을 보내버린 도시, 그곳에 매몰되지 않으려고 끊임없이 발버둥을 쳐보지만, 탯줄처럼 질긴 삶터의 아늑함을 인정할 수밖에 없다. 욕망을 실현시켜 줄 현실은 어디에도 없다. 욕망이 실현되는 순간 우리는 또 다른 결핍에 휩싸여 길을 찾아 떠날 것이다.

누구나 이루지 못한 꿈이 있어 오늘이 더 행복한지 모른다. 나는 때로는 섬, 때로는 육지이고 싶다. 뻔뻔스럽게도 그런 모순을 가진 내가 오늘은 긍정적으로 보인다. 사람들은 낙조의 풍경에 마음을 빼앗기고 바다는 변화를 서두른다. 섬도 서서히 어둠 속으로 자기를 감춘다. 나도 섬처럼 나를 감추고 싶다. 그것은 황홀한 탈출이며 또 다른 생의 드러남이기 때문이다.

《천둥소리》, 2012년 봄호

# 유칼립투스, 너를 본다

캔버라의 8월은 겨울이다.

초록의 물결 위로 비가 내리는 휴일 아침, 아르바이트를 하러 떠나는 아들과 잠시 신경전을 벌였다. 택시비를 주겠다는 나의 호의를 거절하고 아들은 힘차게 자전거 페달을 밟으며 빗속으로 사라졌다. 철부지로만 여겼던 아들에게서 엄마 돈을 함부로 쓰고 싶지 않다는 말을 듣는 순간 묘한 슬픔을 느꼈다. 대견함을 칭찬하기에 앞서 알 수 없는 섭섭함이 밀려든다.

내 마음은 하염없이 젖어 가는데 캔버라의 겨울 허공은 젖지 않는다. 유칼립투스 한 그루가 처연하게 비를 맞으며 서 있을 뿐이다. 유학 생활 몇 년 만에 아들은 훌쩍 커버렸다. 모처럼 만나 모정을 쏟고 싶었는데 설 자리가 없다. 당황스럽다. 역할은 없고 이름표만 남게 되는 엄마의 실체를 받아들이기엔 아무리 생각해도 이르다. 든든해져 가는 아들의 변화 뒤로 나의 존재가 미약해져 온다. 공허한 바람이 일며 나의 한쪽이 떨어져나간다.

곧 그칠 거라는 아들의 말대로 비는 오래 내리지 않았다. 변덕스런 방문자로 인해 하늘은 더 파래졌다. 나무 울타리가 끝나는 모퉁이 근처에서 금빛 와틀꽃이 햇살에 몸을 털며 일어서고 마을은 분주해진다. 그러나 얼마 지나지 않아 한량없이 늘어진 시간 속으로 잠들어 버릴 것이다.

평화로움 뒤에 숨어 있는 권태와 맞닥뜨리고 싶지 않아 나는 도서관으로 향한다. 정원 넓은 집들과 텅 빈 놀이터를 지나고, 오솔길을 가로질러 큰 도로가 나올 때까지 사람이라곤 보이지 않는다. 근처 쇼핑센터의 손수레가 길을 잃고 서성일 뿐, 언제나 먼저 인사를 건네 오는 건 와틀꽃과 유칼리나무들이다. 이국적인 향기 속으로 그리운 것들이 밀려든다.

줄 끊어진 연처럼 살고 싶어 먼 곳에 대한 그리움을 키워 왔었다. 하지만 나는 모르는 얼굴들 사이를 서성이며 각박함이라 불렀던 일상들을 어느새 그리워하고 있다. 여유는 나른함의 다른 이름이다. 넓은 삼거리 신호등 앞에서 습관처럼 책을 뒤적인다. 짧은 시간 읽혀지는 내용은 참으로 감칠맛 난다. 적색 신호가 길어도 좋다. 느긋한 찰나의 행복 속으로 띠릭띠릭 보행자 신호음이 거칠게 밀려든다. 어쩌면 삶은 끊임없는 훼방꾼과의 동행인지 모른다. 몰입에 대한 즐거움이 클수록 방해꾼의 무게도 만만치 않다.

서둘러 도로를 가로지르는 내 눈에 유칼리나무 한 그루가 들어온다. 당당하고 우람한 자태와 하얀 수피, 게다가 견고함까지 갖춘 행운목이라 여겼는데 어울리지 않게 투박하고 칙칙한 아랫도리를 엉거주춤 걸치고 있다. 그는 과거를 회상하며 힘겹게 허물을 벗고 있는 중이다. 익숙하게 지켜왔던 외형은 남루한 잔해가 되어 발밑에서 뒹굴고 있다. 유칼리나무의 하얀 속살만이 가슴을 먹먹하게 한다.

인고의 노력으로 고요를 깨고 있는 유칼리나무에게서 서늘한 기운이 감돈다. 생존하는 모든 것들은 변한다. 변화를 위해 스스로 투쟁하는지도 모른다. 하지만 유칼리나무의 생존은 결코 숲을 위한 투쟁이 아니다. 도시를 지키는 가로수가 되어서도 아름다운 꿈을 꿀 수 있는 특권만은 잃지 않는다.

나는 무엇을 위하여 살아가는가? 볼품없고 흔하디흔한, 숲의 방관자라 여겨왔던 오리나무가 되지 않으려 발버둥 쳐 온 것은 아닌가. 역할을 다한다는 것은 분명 드러남이 아닐진대, 나는 탐스런 도토리를 생산하는 한 그루 상수리나무이거나 우아한 자태로 눈길을 끄는 자작나무이기를 꿈꾸어 왔다.

숲이 아름다운 것도 제각기 다른 종의 나무들이 함께하기 때문이다. 오리나무를 대신할 수 있는 나무는 어디에도 존재하지 않는다. 오리나무는 그만이 가지는 친근함과 정겨움이 있다. 모든 나무는 숲을 위해 존재하는 것이 아니다. 그 자체로 완전한 개체이며 진리이다. 도서관으로 가는 길은 온통 나무들의 둔주곡으로 가득하다.

세상은 신비로운 숨결로 넘친다. 가끔씩 아들이 향수병을 앓곤 했던 도시에서 나는 고향과 같은 안온함을 맛본다. 발걸음을 옮길 때마다 유칼리나무가 함께 걷는다. 눈길 닿는 곳마다 따뜻하게 격려해 온다. 코알라가 유일하게 먹고 산다는 유칼립투스, 하지만 그는 상식을 깨고 숲을 뛰쳐나와 한 그루 가로수가 되어 존재한다.

코알라가 없는 도시 속에서도 그는 기품 넘치는 가로수임이 틀림없다. 허물을 벗는 숭고한 노력보다 비가 오면 젖을 수 있고 바람이 불면 흔들릴 수 있는, 그만의 몸짓으로 울 줄 알기 때문이다. 그것은 유칼리나무만이 가지는 그윽한 존재의 언어이며 침묵의 소리이다.

유칼립투스, 나는 너를 본다. 그리고 준비되지 않은 날들을 위한 설렘을 잉태한다.

《영남수필》 40호, 2008년

# 아바나에서 살사를

체 게바라와 헤밍웨이의 친근함이 나를 유혹한 나라, 쿠바는 결코 낯설지 않았다. 하지만 깊은 밤 아바나에 도착하자 불현듯 불안감이 엄습한다. 사회주의라는 이념은 여전히 낯설고 가늠하기 어려운 추상화 같다. 별이 그려진 국기와 위압적인 혁명의 냄새, 게다가 호세 마르티 국제공항의 입국수속은 유난히 삼엄하다.

긴 비행시간으로 인한 여독을 풀고 싶은데 잠이 오질 않는다. 내가 가진 지식과 감성으로 쿠바를 얼마만큼 이해할 수 있을지 두근거림만 앞선다. 어디선가 라틴 음악이 들려온다. 밤이 깊도록 끝나지 않는 라이브 음악은 그야말로 환상적이다. 조용히 눈을 감는다. 진정한 쿠바의 속살은 어떤 것일까. 한때 나의 가슴을 먹먹하게

만들었던 '부에나 비스타 소셜 클럽'의 장면들과 헤밍웨이의 작품을 떠올리며 쿠바를 더듬거리고 있었다.

아바나의 아침 공기는 민트향처럼 신선하다. 시간을 거슬러 올라온 것처럼 오래 전에 개발은 멈추어 있었다. 고향의 품속 같은 이곳에도 스페인과 미국의 점령 그리고 우울한 혁명의 그림자가 곳곳에 남아 있다. 그러나 낡은 건물들과 가난조차 여유롭게 승화시킨다. 도시는 정겹고 따뜻하다. 지난했던 역사의 아픔을 꿋꿋하게 간직한 채 문명의 속도에 휘말리지 않는 특유의 강인함, 그것이 쿠바만이 가진 정서였다.

미국의 경제 봉쇄정책으로 반미 감정은 크지만 열정과 낭만 그리고 낙천성으로 쿠바는 요염할 정도로 향기롭다. 가난도 그들의 자유로운 영혼 앞에서는 무색하다. '50년대 인기를 누리던 클래식 자동차가 덜컹거리며 거리를 누빈다. 자기만의 문화를 잃지 않으면서 그들은 느림의 가치를 아는 듯하다. 디지털 혁명과 속도전에 승부를 거는 우리의 현실이 통증이 되어 아리다. 나 역시 자유조차도 물질의 바탕 위에서 지탱될 수 있다고 확신하지 않았던가.

아르마스 광장에는 아름드리나무와 헌책을 파는 노점상들이 평화를 수놓는다. 시간이 한가로이 벤치 위에서 뒹굴고 사람들의 표정은 저마다 예술이다. 빨간 별이 그려진 군용 베레모를 쓰고 굵은 시가를 피우는 젊은 여인의 이색적인 모습, 그녀의 비장하고 검푸른 고독을 나는 홀린 듯이 바라보았다. 노옹들의 은빛 머리카

락이 여유롭게 빛나고, 살사를 추는 아이들의 웃음소리도 건강하게 흩어진다. 자신을 지키며 살아가는 투명한 영혼들의 울림이 한 편의 영화처럼 섬세하다.

샌프란시스코 광장 근처의 레스토랑에서 식사를 하는 동안 작은 악단이 흥을 돋운다. 그들은 남미 음악의 모태인 쿠바 음악과 살사춤을 진정으로 아끼고 사랑하는 듯하다. 어쩌면 다양한 춤이 그들을 호의적이고 개방적으로 만들었는지 모른다. 타악기와 기타의 조화로운 음색에 젖어들며 나는 클럽에 등장했던 '아마티토 발데스'를 떠올린다. 모히토 한 잔의 위력 때문이었을까. 그들이 전혀 낯설지가 않다. 갑자기 춤판이 벌어졌다. 여간해서 춤을 추지 않는 나도 어깨와 엉덩이를 흔들며 어울렸다. 어색한 관계 사이에 존재하던 벽이 일순간 허물어진다. 경계란 얼마나 유치하고 조잡한 관념 덩어리인가? 엉성한 몸놀림이었지만 짧은 일탈을 통해 나는 단단한 껍질을 벗는다. 스스로 규정지어 왔던 틀을 깨는 일, 그것은 희열을 동반했다. 자유와 정열, 희망이 공존하는 이곳에 와서야 헤밍웨이가 왜 그토록 쿠바를 사랑했는지 알 것 같다.

아바나의 밤은 화려한 네온사인이 아니라 연인들의 사랑과 음악이 밝힌다. 라틴음악이 매력적인 밤, 카리브 해안은 노래를 부르고 살사를 추는 젊은이들로 뜨겁게 달아오른다. 늘씬한 흑인 연인들의 포옹과 키스, 리드미컬한 스페인어로 흥을 돋우는 마부의 외침으로 아바나의 밤은 지칠 줄을 모른다.

그러나 아르마스 광장은 칠흑의 어둠 속에서 조용하다. 고난했던 역사와 빈한한 현재를 모두 내려놓은 채 깊은 잠에 빠졌다. 내 몸에서는 여전히 라임향과 살사의 여운이 떠나질 않는다. 물질이 삶의 질을 평가하는 시대, 나는 무한경쟁에 심한 멀미를 느낄 때마다 세계와 맞지 않아 방황했다. 그로 인해 고독했으며 자주 삶에 주눅들곤 하였다. 깜깜한 씨방 속에서 끊임없이 탈바꿈을 시도하던 나의 꿈들이 서서히 지쳐가는 것은 아닐까.

녹청색을 띠는 삶 속에서도 환하게 날갯짓을 하는 사람들을 나는 오래오래 지켜보았다. 내 안에 웅크리고 있던 허기진 상처들이 우우 소리를 내며 범람한다. 그러고 보니 나의 자유는 언제나 완고했다. 그래서 타협할 수 없었다. 삶이 가파르다고 느껴지거나 선택의 기로에 섰을 때 나는 카리브 해변의 몸짓을 기억하며 되뇌리라, 인생은 짧지만 아름다운 것이라고.

《영남수필》 42집, 2010년

# 간월도에서

힘찬 파도의 장렬한 죽음 앞에서, 때로는 어린 참게의 등딱지를 핥고 지나가는 물거품의 속살을 바라보면서 간월도의 해송은 울고 있었다. 바닷가에서 호젓하게 자기를 관리하는 해송의 특권, 그래서 간월도는 고고해 보인다. 발 밑에서 키 작은 해국이 함께 뒤척인다. 소리보다 몸짓이 요란한 해국의 울음은 슬퍼 보이지 않는다. 바람이 불 때마다 서로 다른 몸짓으로 절박하게 우는 간월도의 풍경.

멈추었던 장마가 다시 시작되려는지 바다가 술렁거린다. 파도가 높아지고 바다가 부풀어오른다. 오랜 세월 우아한 자태로 간월도를 지켜온 해송이나 온몸으로 울어야 하는 해국, 어느 것도 거친

바닷바람을 피할 수는 없다. 빗장을 굳게 닫고 자기 성찰의 시간으로 들어가는 간월도. 무엇을 얻을 것인가 계획없이 떠나온 나도 사색에 잠긴다.

삶의 무게와 질은 무엇으로 말하는가?

고독한 망명객처럼 찾아온 나를 받아주지 않는 간월암. 예불 소리도 인기척도 느껴지지 않는 암자 근처에는 발 빠른 참게들만 바위틈을 바쁘게 들락거린다. 가볍고 날렵한 게는 사색할 겨를이 없다. 나는 건강한 움직임에 매료되어 어린 게들을 쫓아다닌다. 내가 게를 쫓고 있는지 게가 나를 쫓고 있는지 혼란스럽다. 여태 가볍지 않은 삶을 추구해 왔던 몸부림이 허상을 좇아왔는지도 모른다. 바다와 어울리지 않은 차림을 한 채 나는 갯벌로 향한다.

아무런 연고도 없는 바다와 부지런히 바지락을 캐는 아낙네들이 고향의 이웃처럼 정겹다. 산이 많은 내륙에서 자란 탓인지 내게 바다는 현실적이기보다 낭만적이다. 바닷가 왕국에 사는 여인 애너벨리를 포우의 시 속에서 처음 만나던 날처럼 바다는 언제나 나를 두근거리게 한다. 가난한 어민들의 질펀한 삶이나 애환조차도 바다는 깊고 아름답게 승화시킬 수 있을 것만 같다.

호미가 쉴 새 없이 사각거리며 바다를 깨운다. 아낙네들은 진흙에 가려진 돌과 바지락을 용케도 가려낸다. 나도 뾰족한 돌조각을 찾아들고 아낙네들 틈에 끼어 바다를 캔다. 바람이 머리칼을 헝클어 놓으며 장난을 쳐대는 소박한 삶을 얼마나 동경했던가. 하지만 바지락은 내게 아무런 의미가 없다. 오히려 자연 속에서 사색을 누릴 수 있음에 마냥 기쁘고 감사하다. 이름도 얼굴도 모르는 아낙의 소쿠리에 바지락을 던져 넣는 이 순간이 더없이 즐겁다.

어린것은 살려 주라는 아낙네의 충고에 정신이 든다. 얼마만큼 어린것들을 살려주어야 하는가의 문제 앞에서 자연은 더 이상 사색의 대상일 수만은 없다. 그 모호한 잣대를 두고 심각해진다. 삶과 죽음이라는 단순한 문제 앞에서 사색은 사치에 불과하다. 나의 순간적인 판단에 따라 바지락의 운명은 결정된다. 자비를 베풀어야 할지 아낙네에게 인심을 써야 할지조차 고민스럽다. 우리의 일상적인 삶 속에 공존하고 있을 행과 불행의 찰나를 생각하며 나는 섬처럼 떠 있는 간월암을 바라본다.

갯벌이 술렁인다. 기세가 등등한 할머니의 등장으로 바지락을 캐던 아낙네들은 썰물 뒤에 게가 숨바꼭질을 하듯 흩어진다. 남의 밭에서 웬 도둑질이냐며 노기를 띤 할머니에게서 강인한 바다가 느껴진다. 할머니가 저쪽으로 걸음을 옮길라치면 아낙네들은 다시 따개비마냥 그 자리에 붙어 앉아 바다를 깨우고 쫓아오면 달아나고……. 할머니와 아낙네들의 쫓고 쫓기는 진기한 풍경이 한참 동안 벌어진다.

겁에 질려 도망쳐 나온 나는 다시 벼랑 끝에 앉아 해송의 울음소리를 듣는다. 내가 간월도에서 할 수 있는 일이라곤 그것뿐이었다. 그들은 한 소쿠리의 바지락을 위해, 나는 은밀한 영혼의 사색을 누리며 삶의 의미를 찾고 있다.

도시를 떠나고 싶다고 버릇처럼 말했다. 그래서 찾아온 간월도가 아니던가. 노익장을 자랑하는 할머니의 노기나 천연덕스럽게 바지락을 캐는 아낙들의 모습도 갯벌에서는 아름답다. 그들의 지치지 않는 열정을 바라보노라니 떠나왔던 도시의 일상이 그립다. 삶을 무게로나 우월성으로 저울질하던 습관이 부끄러워진다.

사색만으로는 결코 건강한 삶을 꾸릴 수 없다. 쫓고 쫓기는 삶이 때로는 더 진지하고 경건하다. 젊음이 소진되기 전에 해야 할 일들이 하나씩 떠오른다. 나를 키워주고 지켜주던 그 도시에서 왜 달아나려고만 했던가. 나에게서 건강한 도시인의 냄새가 난다. 자리를 뜰 때까지 해송은 고아한 자태로 울며 간월도를 지키고 있었다.

《영남 수필》 35집, 2003년

# 행복

일상적인 것들이 주는 권태로움, 그것은 열려 있는 가능성들을 단절시킨다. 그래서 나는 유독 닿을 수 없는 것들을 가슴에 품길 좋아하는지 모른다.

해마다 되풀이 되는 생일이 찾아왔다. 형식적인 일련의 통과의례는 거추장스럽다. 나는 단지 나이가 들어가면서 느끼는 시간의 소멸성 앞에서 초조해지고 싶지 않았다. 신으로부터 부여받은 능동성을 확인하고 나른한 일상을 당당하게 재편성하고 싶었다. 삶을 점검하는 데 반드시 낯선 곳이어야 할 이유는 없지만 나흘간의 자유를 위해 혼자만의 여행을 계획했다. 미지로 향하는 여행은 설렘으로 가득차서 좋다.

생각과 달리 짐이 많다. 몇 벌의 옷과 책, 그리고 대부분이 먹을 거리이다. 일상으로부터의 도피가 결코 쉽지 않다는 것을 나는 출발하기도 전에 감지하고 말았다. 자동차에 기름을 가득 채우고 세차까지 마쳤지만 개운치 않다. 뜻밖에도 홀로 보내야 할 시간들에 대한 두려움이 엄습해 오기 시작한 것이다. 깨끗이 단장한 자동차는 몇 시간을 달리지 않아 더러워지기 시작했으며 강풍 주의보와 황사까지 겹쳤다. 남쪽 바다는 거칠게 울부짖으며 한숨짓고 있었다. 게다가 해송의 난폭한 몸부림은 나의 두려움을 더욱 증폭시켰다.

홀로 여행을 떠난다는 소식을 접한 친구 K가 먼 곳에서 달려왔다. 그녀 역시 남쪽 바다가 그리웠던 터라며 하룻밤 묵을 준비를 해서 나타났다. 어떤 귀한 손님이 이보다 반가우랴. 가장 고귀한 선물인 그녀를 부둥켜안고 나는 울었다. 친구의 등장으로 내 삶의 질감이 비단결처럼 매끄러워진다. 걱정스러움이 묻어나는 남편의 목소리, 지인들의 일상적인 문자도 낯선 곳에서는 더 살갑다. 바다가 꾸미는 예비음모도 멋진 퍼포먼스가 된다.

어둠이 서로를 용해시킬 수 있는 시간을 몰고 왔다. 친구가 글을 쓸 때 먹으라며 챙겨준 찰떡, 그리고 포도주를 곁들여 소박하지만 운치 있는 저녁상을 차렸다. 나는 누구와 함께 포도주를 마셔본 적이 별로 없다. 혼자 마실 때 느낄 수 있는 쓸쓸한 바람소리를 좋아하기 때문이다. 그런데 오늘은 이래저래 특별한 날이다.

칠레산 포도주가 붉은 눈물을 찍으며 투박한 유리잔에 몸을 담근다. 신과 인간의 양면을 지닌 술의 신 디오니소스가 은밀히 초대되고, 오늘밤 그가 창조할 잉태성에 가슴이 떨려온다. 잔이 비워지는 동안 몸과 마음은 유포리아로 향한다. 리오 데자네이루에서 거대한 예수상을 만나러 가던 날, 습기 찬 밀림을 뚫고 정상으로 향하던 느린 전동차의 움직임처럼, 그렇게 천천히 교감을 위한 소통이 이루어지고 있었다. 행복은 이토록 섬세하고도 은밀히 찾아오는 것인가.

가정과 사회에서 최선을 다해 살아온 그녀에게 나는 찬사와 존경을, 그녀는 허영과도 같은 나의 이상적 치기를 존중하며 격려한다. 친구라는 이름에는 잠재된 믿음을 전제로 한다. 우린 너무나 다른 듯하면서도 외로움을 순결처럼 즐기는 점은 지독히도 닮았다. 서로가 가진 아름다움을 나누며 탐닉한다. 모처럼 온기가 있고 삶의 유순함이 느껴지는 밤이다. 깜깜한 바다의 울부짖음은 더 이상 들리지 않았다. '1865 까베르네'만이 완전히 몸을 비운 채 우리의 대화를 경청한다. 바닷가의 첫날밤이 포도주와 우정에 싸여 감미롭게 젖어들고 있었다.

이른 아침 바다에는 거친 강풍의 흔적이라곤 보이지 않는다. 햇살은 맑고 공기는 청명하다. 싱그러운 평화를 외면한 채 꾸역꾸역 강물처럼 흐르는 시간이 야속해 우리는 손을 잡고 산책을 나섰다. 바다와 하늘을 향해 이어진 오솔길을 둘이서 걷는 동안, 남도의 삼월은 빠른 속도로 오고 있었다.

상큼한 바람 속에서 진달래가 한창이다. 노란 생강꽃도 수줍게 피었다. 코끝에 묻은 꽃가루를 털어주는 친구의 손길에도 봄이 느껴진다. 봄은 언제나 새롭다. 겨우내 쓸쓸함으로 버티던 바다도 짙은 에메랄드 빛으로 차려입고 우리를 따라 걷는다. 정겨운 시처럼 감겨드는 친구의 목소리, 키 큰 해송과 어린 청설모, 물빛과 숲의 조화, 모든 것이 사이좋게 공존하는 산책로처럼 살아가자고 친구가 말한다. 걷다가 힘들면 그 언저리 어디쯤에서 쉬어가도 괜찮은, 그런 여유로운 일상을 추구하자고 다짐한다.

친구는 속내가 깊고 신중하다. 혼자서 외진 곳에 남아 글을 쓰겠다는 나를 안쓰러워하면서 '부르고뉴' 한 병을 안기고 묵묵히 떠났다. 그녀를 배웅하고 돌아오는 길은 알 수 없는 허전함으로 가득하다. 마주할 때 팽창되었던 그 시공간이 헐겁고 쓸쓸하다. 홀로 된 자유 앞에서 느끼는 이 난처한 긴장감들, 나는 바다 한가운데 떠있는 외로운 섬이 된다.

'A LOVE UNTIL THE END OF TIME'. 텅 빈 리조트 안에서 세계적인 거장 프라시도 도밍고가 나를 전율시킨다. 시뻘겋게 멍이 든 동백꽃도 음악에 취해 이울지 못한다. 싸한 슬픔과도 같은, 형언키 어려운 기쁨들이 마구 밀려든다. 감성이 살아 있다는 것은 얼마나 은혜로운 일인가, 행복은 아주 작은 숭고함에서 비롯된다.

진리는 우리를 자유케 한다는 성서의 말이 잡힐 듯이 떠오른다. 세상 끝나는 날까지 목숨 걸고 사랑해야 할 것들은 너무나 많다. 아무도 없는 리조트를 봄빛이 정성스럽게 애무하는 시간, 아늑하고 뜨거운 것이 내 안에서 자라남을 느낀다. 그것은 깊고도 찬란한, 창조적인 발아의 몸짓임을 나는 짧은 순간 확인한다.

《수필과비평》, 2010년 봄호

# 그 여름의 이집트

그 여름의 오후에 숲은 미동도 하지 않았다.

바람 한 점 없는 숲은 지루하고도 일상적인 삶과 닿아 있었다. 나는 벼르기만 하던 이집트 여행을 결심했다. 모두들 겨울에 떠날 것을 충고했지만 이미 마음을 굳히고 나니 긴 여정이나 혹독한 더위 따위는 두렵지 않았다. 결코 여행을 위한 여행이 아니었다.

삼천 년이라는 긴 시간을 뛰어넘어 파라오를 만난다는 설렘은 컸다. 부드러움과 강인함을 겸비한 람세스와 드러나지 않게 자신을 사랑한 네페르타리의 성숙한 영혼을 나는 탐이 나도록 사랑해 오던 터였다. 풍요로웠던 이집트의 물질문명 따위에는 그리 큰 관심이 없었다. 책 속에서는 교감할 수 없던 파라오의 감추어진 본

질을 직접 느끼고 싶었다.

역사를 거슬러 오르기는 쉽지 않았다. 숭고한 영혼을 만나기 위해 찾아온 내 앞에 펼쳐진 것은 문명을 향해 변화해 가는 이집트였다. 장엄한 나일강 줄기를 따라 회색빛으로 발전하는 카이로를 보는 순간 혼란스러웠다. 전능했던 파라오의 힘은 상대적으로 현실을 비참하게 만드는 것은 아닌지 의구심이 든다. 거대한 신전과 위풍당당한 석상들은 보는 이를 압도하건만, 이집트인에게 과거의 영광은 한낱 관광자원에 지나지 않는 걸까.

이집트에 대한 애정이 깊었기에 안타까운 마음도 더하다. 아프리카를 주름잡던 파라오의 힘과 자존심은 볼 수 있었지만, 맑고 명석한 영혼의 숨결은 쉽게 느껴지지 않았다.

매혹적이고 고고했던 파라오의 정신은 영원히 빛을 발할 수 없는 것일까. 먼 곳에서 애타게 찾아온 내게 카르낙 신전은 침묵으로 일관한다. 시련이 가로막을 때마다 파라오는 신전으로 달려와서 생명의 빛을 찾았으리라. 돌기둥에 새겨진 신성문자를 어루만지며 신전을 거닐었지만 끝내 대답이 없다. 나와 파라오 사이에 흐르는 거대한 강물을 건너지 못한 채 신전을 빠져나왔다.

피라미드가 있는 기자의 여름은 훨씬 잔인했다.

빡빡한 일정과 더위에 지쳐 있는 나를 단봉낙타가 무심히 쳐다본다. 손님을 태우고 카메라 앞에서 앉고 서기를 반복하는 무의미한 삶. 거친 나무에 박인 옹이처럼 불거져 나온 낙타의 무릎에서는 쇳소리가 날 것만 같다. 끝없는 모래 사막은 그의 활동 무대가 아니라 사진을 찍기 위한 하나의 배경일 뿐이다.

메마른 풍경과 하늘빛 때문이었을까. 낙타를 타고 사막의 품에 안기고 싶다는 충동이 일었다. 옛날 이집트인들이 지옥의 입구라고 믿었던 황량한 사막을 무작정 걷다 보면 지친 영혼을 위한 답을 찾을 수 있을까. 진정한 자유인이 되기를 갈구하면서도 스스로 울타리를 쌓던 모순된 태도에 얼마나 상처를 받았던가. 바람에 굴러다니며 존재를 확인하는 낙엽처럼 수동적으로 살지 않으려 몸부림을 치기도 했다.

끊임없이 돌을 굴려 올리는 시시포스 신화가 생각난다. 낙타와 나 사이에 길 잃은 자의 연민이 흐른다. 그러나 그윽한 눈빛 속에는 평온함이 빛난다. 낙타는 드넓은 사막을 달리는 꿈을 꾸면서 절망을 이겨내는지 모른다.

아름다운 삶은 갈등과의 공존 속에서 빚어지는 것이리라.

흔들림 없이 한길만 걷는 것은 얼마나 지루한 삶인가. 넘어지고 깨어지면서도 새로운 세계에 미련을 버리지 못하는 자신을 이제는 사랑으로 다독여 줄 수 있을 것 같다. 어둠이 있어야 비로소 빛의 고마움을 깨닫는다고 했던가. 돌아서는 등뒤에서 낙타가 운다. 모래바람이 사막을 훑고 지나가듯 공허하다.

깊고도 넓은 사막은 훗날 걸어 보기로 했다. 파라오의 힘은 아무도 상상하지 못했던 사막 한가운데 있을지도 모른다. 장소와 시간을 자유롭게 누리지 못해 답답하던 마음이 환해진다. 파라오와 나 사이에 흐르던 깊은 강물이 순식간에 걷힌다. 나는 여전히 파라오를 사랑할 것이며 언젠가는 그가 속삭이는 영혼의 소리를 듣기 위해 다시 사막을 찾을 거라고 마음먹었다.

족쇄 같던 안내인의 파란 깃대가 안전장치처럼 편안하다. 나는 깃대를 놓칠세라 종종걸음을 친다. 이집트는 나에게 변화를 주었다. 그러나 힘을 준 것은 람세스도 네페르타리도 아니었다. 언제나 스스로를 핀잔하던 또 다른 나의 은밀한 격려였다. 그 여름의 끝에서 숲은 아름답게 흔들렸다.

《영남수필》 34호, 2002년

# 바다에서 찾은 불혹

사십이불혹四十而不惑.

부질없는 일에 마음을 빼앗기거나 홀려서는 아니 될 나이이기에 한번쯤 자기를 돌아볼 때라 여겨진다. 뚜렷한 신념을 가지고 살아왔다면 불혹의 나이 앞에서 당당하리라.

하지만 불혹이라는 중간 평가는 나를 패잔병으로 만들었다. 정초부터 폭발을 앞둔 화산마냥 극도로 날카로워진 스스로와 싸워야 했다. 성실하게 앞만 보고 살아왔는데 견딜 수 없을 만큼 초조하다.

아름다운 존재로 살아가리라는 젊은 날의 소박한 꿈, 그 오래 된 꿈은 그만 길을 잃어버렸다. 긴장감도 닻을 내렸다. 무언가를 찾아야 한다는 강박감은 끊임없이 엄습해 오고, 정체성이 사라진 상태

에서 하는 일은 무의미할 뿐이었다. 마흔의 문턱에서 시간은 늘어진 고무줄처럼 탄력을 잃어 가고 있었다.

그 무렵 윤희 씨가 울진으로 여행을 가자고 했다.

모든 일을 제쳐 두고서라도 바다를 보고 싶었다. 잠시도 쉬지 않고 스스로를 향해 채찍을 가해대는 바다, 퍼렇게 멍이 든 바다 앞에서 목청껏 울분을 토해내고 싶었다. 오래 되었지만 건강했던 꿈을 바다에서 찾고 싶었다.

울진으로 향하는 길은 멀었다. 서너 시간을 달려서 도착한 어디에도 나의 응어리진 마음을 풀 만한 곳은 보이지 않았다. 속이 찬 대게로 허기를 달랬다. 어둠 속에서 울어대는 바다의 흐느낌 따위는 생각시 않으려 애를 썼다. 통통하게 살이 오른 게 발에 가위질만 해댔다.

밤이 깊어 가도 바다는 기척이 없다.

어쩌면 바다는 이곳에서 한참이나 떨어져 있을지도 모른다. 비릿한 바다 냄새나 불면의 밤을 보내는 갈매기의 울음소리, 낡아서 삐걱대는 통통배 소리조차 들리지 않는다. 마치 내가 사는 도시를 벗어나지 못하고 낯선 횟집에 앉아 바다를 꿈꾸는 기분이다. 유달리 많은 횟집을 둘러보며 아주 가까이에 몸을 뒤척이고 있을 바다가 있을 거라 위안했다. 모처럼 만난 사람들의 대화를 건성으로 흘려 버린다. 바다를 보러 온 내게 그들은 적당한 인연으로 얽힌 관심밖의 사람들일 뿐이다.

게다가 어린 아이를 데리고 온 이가 있어 더욱 어색하다. 대부분의 여자는 자녀의 연령에 따라 관심거리가 달라진다. 이미 아이에 대한 기대 하나만으로 살아왔던 시기를 넘긴 나로서는 공감대를 형성하기가 쉽지 않다.

결혼을 늦게 했느냐는 형식적인 인사에 그녀는 늦둥이를 두었다며 웃는다. 화장기 없는 얼굴과 편안한 청바지 차림에서 중년의 무게가 느껴졌다. 하지만 그녀는 의외로 젊고 생동적이다. 나이 든 엄마와 어린 아이의 어색한 어울림을 바라보며 무료한 시간을 달랬다.

타지에서 보내는 밤은 시간을 가늠할 수 없다.

늦은 밤에 차를 마시다 그녀와 나는 불혹을 맞은 동갑내기라는 사실을 알았다. 왠지 마흔이라는 무게에서 동질감을 찾을 수 있을 것만 같다. 점점 황폐해져 가는 영혼과 베일에 싸여 있는 듯한 미래에 대한 불안한 심경들을 털어놓았다. 가족이라는 울타리에만 가치를 부여하며 살아야 하는가도 화두거리였다.

우리와 대화를 하면서도 틈틈이 그녀는 아이에게 입을 맞추고 사랑을 확인시킨다. 다섯 살배기치고는 체구도 왜소했고 말씨도 어눌했다. 뿐만 아니라 낯선 사람과는 눈이 마주치는 것조차 두려워했다. 그제서야 그녀는 장애인 영아원에서 심한 자폐증을 앓고 있는 아이를 데려 와서 키운다고 했다. 처음에는 거칠고 난폭할 정도로 증세가 심각하여 외출 따위는 엄두도 내지 못했다고 한다.

언청이 수술과 몇 년간 가족들의 애정을 받은 뒤에야 아이는 안정을 찾아갔다며 그녀는 환하게 웃는다. 아름다운 불혹이다.

자신에게는 비움을, 세상을 위해서는 채우는 법을 실천해 온 그녀다. 쉽게 흉내낼 수 없는 헌신적인 삶이 그녀를 확신에 차게 했으리라. 파도소리가 들리는 듯하다. 어둠 속에 잠든 모래밭을 적시다 하얀 포말이 되어 사라지는 거대한 바다의 몸짓이 보인다. 그녀에게서 바다냄새가 났다. 긴 침묵이 이어지는 동안 존재의 이유를 생각했다.

아름답게 살아간다는 건 무엇을 의미하는가? 가시적으로 드러나는 일에 가치를 부여하던 욕심이 불혹을 힘들게 하는지도 모른다. 내 나이 지천명에는 작은 들풀 한 포기를 위해 온밤을 가슴 태우며 지샐 수 있을까? 산란기의 연어가 힘찬 강물을 거슬러 올라가듯 남은 날들은 비우면서 채울 줄 아는 지혜를 갖출 수 있다면 좋겠다.

다음 날 아침, 바다를 보기 위해 혼자 차를 몰았다. 바다는 그곳에서 한참이나 떨어져 있었다. 아침 햇살이 퍼져오는 바다는 그녀만큼 아름답지 않았다. 하지만 철썩철썩 방조제를 때리며 스스로 시퍼렇게 멍을 들이고 있었다.

《영호남수필》, 2002년 제12호

# 가을 단상

가을 주말은 모두를 너그럽고 설레게 하는 힘을 가졌다.

서둘러 방을 예약하러 떠난 윤희 씨 가족의 배려가 일주일의 피로를 잊게 한다. 칠흑같은 어둠을 뚫고 달려왔건만 지리산의 밤은 염치도 없이 초겨울이 차지하고 있었다. 단풍은 깊이 잠들었고 뱀사골의 계곡은 저 혼자서 시리도록 흐느낀다.

우리는 한기를 쫓기 위해 형광들 불빛이 환한 식당에서 늦은 저녁을 먹으며 주제도 없는 이야기를 나누었다. 일급수에서 자라는 열목어만큼이나 산천어도 귀하고 깨끗한 횟감이며, 얼굴이 복스럽고 몸집이 좋은 여자가 대체로 요리를 잘하더라는 등속의 가벼운 대화였지만 안온함이 묻어나는 밤이다.

친구와 허드레 이야기를 나누며 밤을 보낼 수 있는 이 순간은 참으로 소중하다. 잡다한 일거리에 밀려 언제나 일정표 밖에서 대기중이던 시간들. 여러 차례 맞선을 본 끝에 배필이 된 윤희 씨 부부의 오래된 추억담을 들으면서 오히려 남편과 내가 설레는 건 무슨 까닭일까?

이야기가 깊어갈수록 머루주도 요염하게 향기를 뿜어낸다. 주인 아저씨는 달랑 남은 뜨내기 손님들 때문에 슬리퍼를 끌고 다니며 몰려오는 잠을 쫓고 있다. 이름만으로도 정겨운 마가목, 복분자, 오미자 따위의 열매들이 커다란 유리술병 속에서 익어가는데 지리산의 밤은 적막하기만 하다.

뚝배기 안에서 요란스럽게 끓어대는 된장찌개를 떠먹는 사이 뱀사골의 아침은 밀려드는 등산객들로 부산해진다. 어젯밤에는 침묵하던 지리산도 피날레를 장식하는 무희처럼 화려한 정념을 토해낸다. 저물어가는 계절 앞에서 속절없이 옷을 벗어도 명산으로서의 자존심을 잃지 않는다. 해마다 찾아오는 곳이지만 외롭게 느껴지는 건 바로 그 점 때문일 게다.

계곡이 깊은 산에는 다양한 수종의 나무들이 빽빽하게 들어서 있다. 윤희 씨가 물가 바위 틈에 서 있는 나무를 가리키며 물푸레나무라고 일러준다. 얼굴도 모르고 책 속에서만 만나 정을 나누던 물푸레나무, 얼마나 보고 싶어하던 나무였던가. 군데군데 버짐처럼 하얗게 퍼진 회갈색 수피를 감고 있는 낯설지 않은 나무. 아,

너였구나. 수도 없이 지나치고도 상상 속에서만 키워왔으니……. 나는 애타게 기다리던 친구를 만난 것처럼 물푸레나무를 안고 사진을 찍었다.

윤희 씨는 도시에서 자랐건만 나무에 대한 식견이 뛰어나다. 그 곁에 옅은 가로줄무늬 옷을 입고 있는 박달나무는 단단함을 자랑하고 피나무는 바둑판을 만들면 그만이라며 소리내어 웃는다. 남편과 윤희 씨는 또 바둑이 두고 싶은 모양이다. "개피나무, 거제수 나무……, 아니 저건 사스래나무가 아닌가요?" "이런, 나무 공부 다시 해야겠네요." 숲이 온통 생기를 띠고 내게로 다가온다. 가르치는 윤희 씨와 배우는 나의 환호 소리에 나뭇잎이 놀라서 떨어진다.

윤희 씨의 아내 향숙 씨는 무던하게 우리를 위해 과일을 깎는다. 뒤늦게 대학원 공부를 하면서도 흐트러짐 없이 자기를 가꿀 줄 아는 향숙 씨, 분홍색 매니큐어를 바른 손이 바쁘게 움직이며 과일을 깎는다. 나무처럼 속 깊은 윤희 씨와 향숙 씨의 건강을 위해 잠시 화살 기도를 보낸다.

윤희 씨는 몇 번 들른 적이 있다던 실상사로 우리를 안내했다. 지척에 깊은 산을 두고도 넓은 들에 쓸쓸하게 자리잡은 절터가 이채롭다. 절을 찾아 온 사람은 많았지만 법당에서 기도하는 사람은 보이지 않고 오래된 석탑과 들풀들만 예불을 드리고 있다.

뒤꼍에서는 은행잎이 노랗게 차 오르는 슬픔을 주체하지 못해 떨어지고 무심한 가을 햇살은 돌담 위에서 가파르게 졸고 있다.

군데군데 세월의 때가 남아서 불자가 아닌 객들의 마음까지 어루만진다.

산기슭에선 억새들이 은빛으로 늙어 가는데 추수가 끝난 논에선 여린 싹들이 그루터기를 비집고 올라오다 파르르 떤다. 그들은 곧 불어닥칠 찬바람 앞에서 꿈과 생명을 접어야 한다는 것을 모를 것이다. 저들을 유혹한 가을 햇살은 정녕 축복인가?

모순투성이의 삶들이 한데 어우러져 끊임없이 새로운 세계를 만들어 가는 거대한 터전. 완벽한 부조화로 인해 삶이 더 정겹고 가치 있게 여겨지는지도 모른다. 마른풀을 깔고 앉아 산수유며 더덕을 파는 시골 아낙네의 거친 손등을 햇살이 따뜻하게 어루만진다.

모가 난 것도 부드럽게, 허허로운 곳도 안온하게 채워 주는 가을 햇살처럼 살고 싶다. 땅을 사랑할 줄 아는 진정한 농부의 마음처럼, 어느 하루라도 새해 첫날처럼 신선하게 시작하겠노라고 가만히 맹세해 본다. 지리산이 지켜보는 가운데 나는 며칠도 가지 못할 약속을 덜컥 하고 말았다.

관목과 억새가 뒤덮인 드넓은 황무지는 알리라, 그 약속을 까맣게 잊어 갈 즈음 내가 또 낯선 곳을 찾아 새로운 다짐을 할 거라는 것을. 남편이 야릇한 웃음을 보낸다. 분명 그것은 부끄러운 나의 맹세를 눈치챘노라는 무언의 신호이리라.

《대구문학》, 2001년 겨울호

# 4

# 일상과 사유

daily life & reflection

# 누구나 때로는

빗방울이 간헐적으로 가을밤을 두드리는 시간, 전화벨이 울린다. 분명치 않은 발음과 어눌한 말투보다 술 냄새가 먼저 전화선을 타고 전해온다. 같은 동네에 사는 친구 L이다. 그와는 오랜 친분에 비해 진지한 대화를 나눠 본 적이 없어 약간의 궁금증과 긴장감을 안고 집을 나섰다.

오밀조밀 경쟁을 하듯 들어선 음식점과 술집들이 늦은 밤에도 이마를 맞댄 채 수런거리고 있었다. 방송국이 들어오면서 생겨난 이색적인 풍경이다. 불면증에 시달릴 거라 걱정했던 변화 속에서 오히려 사람 사는 냄새가 풍겨온다. 다양성을 인정하지 않던 최고의 학군을 자랑하던 동네에 파고든 작은 균열, 이 낯설고 어수선한 거리가 나는 마음에 든다. 허파처럼 숨을 쉬고 있다는 정겨움 때문이다.

소란스러운 술집 한 귀퉁이에서 술잔을 기울이고 있는 그가 보인다. 어두운 조명 아래 손도 대지 않은 술안주가 졸고, 속을 비운 소주병은 얄밉도록 꼿꼿하다. 일상 속의 우직하고 듬직한 그의 모습은 보이지 않는다. 처량함이 인생에 전부인 듯, 소통자도 없이 홀로 술잔을 기울이고 있다. 상심에 찬 그의 눈빛만이 머쓱하게 나를 반긴다.

가끔씩 만취상태로 귀가했다는 소식을 들을 때면 나는 그가 세상 바깥에서 비틀거리는 모습을 잠깐씩 떠올리곤 했다. 그리고 삶을 허비하고 있을지도 모른다는 속단을 내리곤 했다. 점잖고 흠

잡을 데 없이 좋은 사람이라는 걸 알면서도, 나는 그의 아내 편에서서 술 좋아하는 그를 처연하게 바라보는 습관이 생겼다. 아내와 약간의 불협화음, 근원적인 고독을 달랠 소통자가 없어 오늘은 나를 불러낸 듯하다.

그가 의미심장한 표정을 지으며 한 마디 내뱉는다.

"가끔은 결혼생활이 형벌처럼 느껴질 때가 있어."

뜬금없는 말에 뭐라고 답해야 할지 난감하다. 모든 게 조화롭다고 생각했던 부부였다. 잠시 대화가 끊어지고 신산함이 지나간다. 그에게서 빈 들에 서 있는 듯한 외로움이 느껴진다. 사람 좋아하고 술을 좋아하는 그도, 어쩔 수 없는 외로움 한 덩이 가슴에 키우며 살아가고 있다는 걸 보고 말았다.

앞만 보고 달리던 그를 주춤거리게 한 것은 무엇이었을까? 어느 날 문득 돌아보니 삶이 초라해서 견딜 수 없노라고, 무언가를 통해 자기의 존재를 확인하고 싶다고 했다. 그런데 아내와의 대화조차 건성이거나 끊임없이 미끄러질 뿐이라고 투정하듯 일상을 늘어놓는다. 타인은 결코 포착할 수 없는 존재다. 그럼에도 불구하고 그의 내면에 은밀히 잠들어 있던 자유가 펄럭이고 있음을 나는 감지했다.

이성으로 쌓아올린 개념이 실존을 능가하는 이 시대는 아파하는 법을 잊어버렸다. '인간은 노력하는 한 방황한다.'는 파우스트의 글귀가 떠오른다. 그의 작은 비틀거림, 그것은 결여를 채워야만 하는 숙명과도 같은 인간의 삶이다. 그러나 고달픈 인생 속에서 고독과 방황이 삶을 더욱 안온하게 하기도 한다. 이 가을밤의 고독이 짐이 될지 풍요로움이 될지는 오직 그만이 알 것이다.

모처럼 진지한 대화 속에서 그가 새롭게 다가온다. 뒤이어 습관처럼 굳어져 버린 나의 일상과 집안 문제를 벗어나지 못하는 남편과의 대화 따위가 곰실거리며 그와 나 사이로 끼어든다.

우산 하나로 데이트를 하는 날이면 나의 왼쪽 어깨와 남편의 오른쪽 어깨가 나란히 젖어가던 시절이 있었다. 젊은 남편에게서 느껴지던 사랑이나 야망보다 시린 가슴을 함께 달랠 수 있는 누군가가 곁에 있다는 것만으로 세상은 따뜻했다. 문득 홀로 잠자리에 들 남편이 생각난다. 내 어깨가 젖어옴에 정신이 팔려 있는 동안, 남편의 어깨는 더 심하게 젖고 있지는 않은지……. 귀소본능과도 같은 이 무의식 앞에서 나는 그동안 마음의 등불을 밝히는 일에 태만했음을 깨닫는다.

가을비 속으로 비틀거리며 멀어지는 친구의 뒷모습이 불안해 보이지 않는다. 목적지를 향해 불을 밝히고 달려가는 야간열차 같은 친구, 나는 최선을 다하고 있는 그의 등을 굳이 떠밀고 싶지 않다. 혼자만의 고독과 방황은 아름답다. 게다가 누군가와 마음을 열고 대화를 나눌 수 있다는 것은 더 큰 축복이다. 진정한 삶의 촉감 같은, 그 사색하는 여유로움이 좋다.

가을밤을 타고 내리는 빗소리와 포장되지 않은 밤공기의 싸늘함이 혈관을 타고 흐른다. 사유가 거추장스러워진 세상에서, 나 자신과 타인을 제대로 사랑하는 법을 홀로 묻고 답해 보리라. 더러는 모든 것을 접고 낯선 내가 되어 내 안에 스러져 보는 것도 좋으리라. 자리를 이탈한다는 것, 그것은 나름대로 이유가 있을 테니까.

《영남수필》 41집, 2009년

# 1분간의 여행

언젠가 아프리카나 히말라야를 여행하고 싶어한 적이 있다. 족쇄처럼 따라다니는 삶의 무게를 그곳에서는 훌훌 털어버릴 수 있을 것 같아서였다. 까탈스럽고 낯가림이 심한 내게는 무리한 여행이니 단념하라고 남편은 일축해 버렸다. 그때는 섭섭했지만 틀린 말도 아닌 듯싶다. 정작 아프리카로 떠날 기회가 생긴다면 나는 필시 두려움으로 떨 게 분명하다. 여러 가지 불편한 조건을 따져가며 지레 겁을 먹고 주저앉았을 것이다. 이런 소심한 성격의 나에게 언제부터인가 환상적인 여행이 시작되었다.

'아프리카' 단조로우면서도 커다란 글씨가 한눈에 들어왔다. 어떤 이는 밀림 속의 이야기가 펼쳐질 어느 영화 포스터를 떠올릴

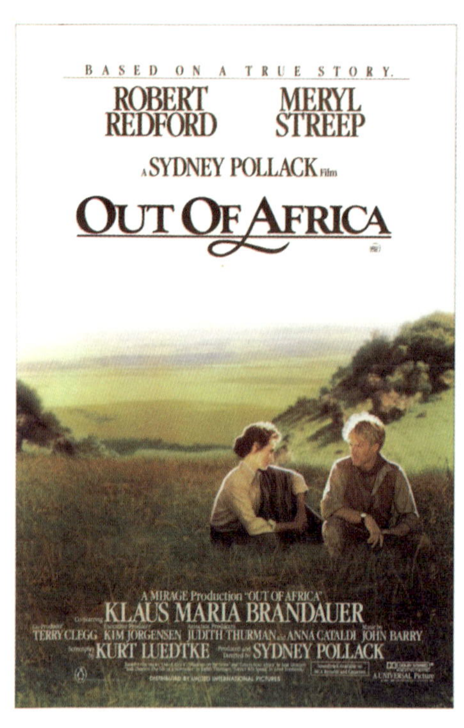


것이고, 더러는 오염이 안 된 천혜의 대륙을 저렴한 경비로 다녀올 수 있다는 여행사의 광고 전단을 생각할지도 모른다.

'아프리카'는 내가 날마다 한두 차례 지나치는 길에 있는 평범한 찻집의 이름이다. 크지도 작지도 않은 건물에 장식이라고는 없이 눈부실 정도의 하얀 벽이 치장의 전부인 셈이다. 하지만 첫 느낌은 이상하리만큼 강했다. 반듯한 슬라브 건물과 굳게 닫힌 문. 어디를 둘러봐도 아프리카를 연상할 만한 색다른 소품은 보이지 않는다. 그러나 첫눈에 뜨거운 침묵과 정열이 공존하는, 살아있는 아프리카의 환상이 나를 사로잡았다.

그 뒤 나는 습관적으로 이 찻집과 무언으로 인사를 나누며 지나다녔다. 특히 신호를 기다리는 차량의 꼬리가 길게 이어지는 퇴근 시간이면 은근히 즐거워지기까지 한다. 그 길목에 들어서면 찻집 앞에 잠시나마 멈출 수 있는지 어설픈 점을 쳐보며 지루함을 달랜다. 그럴 때는 대부분 유리한 쪽으로 점괘를 풀이하며 다가가게 마련이다. 최대한 찻집과 가까워지려고 앞 차와의 간격을 좁히기도 하고, 한 대가 더 끼어드는 것을 허락하는 아량도 베푼다. 하지만 운이 좋게도 매번 그 근처에서 차는 멈춘다.

8월의 오후, 찻집은 커다란 파라솔 하나로 잔뜩 멋을 부린다. 하얀 벽을 타고 뜨거운 햇살은 몸부림을 친다. 단조로운 선율과 강한 색채를 띤 원시적인 음악이 들리고, 사바나의 초원에서 포효하는 수사자의 모습도 보인다. 특유의 강인함으로 아프리카를 사로잡았던 지성적이고 우아한 메릴 스트립과, 벽안의 방랑자 로버트 레드포드가 열연한 '아웃 오브 아프리카'의 한 장면도 떠오른다.

그렇다고 언제나 이곳에서 환상 여행을 하는 것은 아니다. 찻집은 늘 조용했다. 주차해 놓은 차들이나 드나드는 손님을 보기는 힘들었다. 그럴 때는 색유리창 너머를 그려본다. 경쾌한 구두 소리를 잠재우는 마룻바닥과 시원한 등나무 의자, 그 사이로 나른하게 더위를 식히고 있을 '목신의 오후' 같은 음악 따위를……. 짧은 시간 동안 머릿속은 바빠진다.

나는 이 '아프리카'에서 차 한 잔을 마실 기회를 만들고 싶었다. 찻집과 어울릴 만한 사람을 하나씩 떠올려 본다. 가장 친한 S와는 하고 싶은 말이 많아서 분위기에 젖지 못할 것 같다. 또 한 달에 한 번 만나는 모임 장소로도 적합하지 않을 것이다. 사람들은 주위를 두리번거리며 수인사처럼 가벼운 찬사나 어울리지도 않을 말들로 인테리어나 분위기를 평할 테니까. 나는 이 '아프리카'를 여자들의 수다 위에 올려 놓고 싶지가 않았다.

무엇보다도 상상했던 것과는 달리 내가 그 찻집에 실망을 할까 저으기 두려웠다. 생각 끝에 '아프리카'를 혼자서 바라보는 것으로 만족하기로 했다. 머릿속에 막연히 그려진 환상이 한순간 무너지는 허탈감을 맛볼 용기가 없었기 때문이다. 사랑하는 사람을 만나듯 나는 이 골목을 설레는 마음으로 들어서곤 했다.

가끔 도시 생활에 염증을 느낄 때는 '아프리카'와 함께 왜소한 피그미족을 생각한다. 그들은 생존만을 위한 고통도 성스럽게 받아들이고, 바오밥나무 사이로 떠오르는 태양을 바라보며 생명에 대한 외경심을 키울 것이다. 화려한 문명의 울타리에 갇혀 조바심을 치고 있는 자신이 한없이 작게 보인다. 인간과 신과 자연의 아름다운 숨결이 신비하게 느껴진다. 갑자기 삶이 숙연하다. 한량없이 나를 누르던 고통의 무게가 가벼워져 온다. 뒤차의 경적소리가 희미하게 들린다. 문명이 나의 일부가 되어버린 숙명 속에서 다녀온 짧은 여행은 더없이 안온하다.

반쯤 열린 차창으로 뜨거운 바람이 와 안긴다. 핸들을 잡은 두 손에 힘이 들어가고 나는 출발을 서두른다.

《시사랑》, 2000년 7월

# 꽃은 젖으면서 핀다

그녀의 말은 그칠 줄 모르고 이어진다. 의미도 없이 속물성의 잔해처럼 몰려왔다 흩어지는 말들을 노동청 감독원이 기계적으로 잘랐다가 두서너 차례 책상을 친다. 긴박한 상황 속에서 알 수 없는 무료함이 밀려든다. 아무리 삶이 연극 같다지만 이건 아니다. 창밖에는 찬연한 4월이 저리도 신명나게 부풀고 있는데 나는 지금 무엇을 하고 있는가? 잔뜩 억울해지는 마음 사이로 헛헛함이 목젖을 타고 올라온다.

6개월 정도 함께 일을 했던 그녀를 해고한 대가는 컸다. 그녀가 해야 할 책무는 컸으며 고임금을 지불해야 하는 난점까지 안고 있어 오랜 갈등 끝에 내린 결론이었다. 새 직장을 구해 보라는 부탁과 함께 한 달간의 말미를 주었다. 하지만 뜻밖에도 그녀는 자존심이 상한다는 이유로 할 일을 거부하기도 하고 폭언을 서슴지 않더니 어처구니없게도 노동청에 고소하여 복직과 부당해고에 관한 임금을 요구해 왔다. 숱한 밤을 잠 못 이루었다. 잡초 같은 그녀의 삶을 가엾게 여겨 용서하기로 마음먹었지만 내 몸과 영혼만 몰수당한 느낌이었다.

이해하기조차 힘든 그녀의 태도와 문서화 하지 않은 해고는 전적으로 노동자 편이 될 수밖에 없다는 법 앞에서 진실이 통할 리 없다. 영리함이 최고의 덕목이 되어버린 현실은 나에게 오로지 거대한 덫일 뿐이다. 그녀의 말대로라면 나는 한 마디 상의도 없이 하루아침에 직원을 거리로 내몬 파렴치한 업주에 지나지 않는다.

초연해지자고, 이성적으로 대처하자고 마음속으로 기도문을 외며 태연함을 가장해 보지만 몸은 끊임없이 반란 중이다. 아찔한 현기증과 둥둥 울려대는 맥박소리, 게다가 아무것도 먹지 않은 빈속에서는 발작을 일으키듯 구토증이 심해진다. 그녀와 나란히 앉아 들숨과 날숨을 교환하는 것조차 불결하다.

얼마쯤 시간이 흘렀을까? 감독원이 내게 말할 기회를 준다. 가슴이 먹먹하고 머릿속은 하얗다. 나는 무엇을 위해서 세계가 다르고 가치관이 다른 그녀와 필요치 않은 말싸움을 벌여야 하는가? 노동법 앞에서 광기가 들린 듯 당당한 여자, 격류처럼 쏟아지는 그녀의 언어 앞에서 내 말들은 선혈만 토하다 비참하게 나뒹굴어질 게 뻔하다. 그녀의 행동은 생존을 위협당하는 절박한 목마름처럼 보일 것이며, 그에 비해 나의 태도는 범속한 욕망을 채우는 사치스런 취미 정도로밖에 비쳐지지 않을 것이다.

블랙커피 같은 나의 진실은 향기를 내지 못하고 하얗게 출혈하고 있다. 그런데 무엇을 흥정하란 말인가? 태양이 너무 눈부셔서 총을 쏘았다는 「이방인」 뫼르소의 비극이 스쳐 지나간다. 다양한 인간들의 실존방식 앞에서 맛보는 상실감, 공허하고도 허황된 관계 맺음의 끝, 그것이 나를 이토록 절망케 하는 것이다. 뼛속까지 침투하는 듯한 이 고독감, 이 남루한 서글픔 앞에서 꼼짝할 수가 없다.

터질 듯이 살이 오른 두 볼과 이미 마음의 시력이 사라진 그녀의 눈빛, 무표정하고 포스트 모던한 노동청 건물, 나는 이토록 억울한데 아무 술렁거림조차 없는 세상, 이 모든 것이 낯설다. 나치와 히틀러의 추악한 우월성을 상징하는 갈고리 모양의 하켄크로이츠가 생각난다. 메스껍다. 한 마디도 피력할 수가 없다. 노동자라는 말에서 느껴지던 친숙함과 성실성, 그리고 약간의 연민 따위의 감정들은 무엇으로 위안 받아야 하는가? 나를 구원해 줄 것은 보이지 않는다. 삶은 근원적으로 부조리하다고, 타인은 지옥이라고 말했던 철학자들의 말만 질긴 동아줄처럼 나를 받쳐주고 있다. 산다는 건 참으로 허허롭다.

그녀의 요구대로 부당해고 임금을 산출해 달라는 짧은 말을 던지고 햇살 가득한 안마당으로 나왔다. 눈이 부시다. 수십 그루의 이팝나무들이 투쟁하듯 바글거리며 꽃을 피운다. 새로 지은 노동청 건물과 희디흰 꽃들의 풍만한 유혹 앞에서 바람이 목덜미를 잡힌 채 서성인다. 한때는 지나치게 고결해서 초췌해 보였던 쌀밥 같던 꽃, 그 이팝나무의 번들거리는 여유가 싫다. 소박하면서도 청결한, 내 삶을 송두리째 걸고 싶었던 고귀한 정신들이 자꾸만 그리워진다.

하릴없이 거리를 배회하다 성당을 찾았다. 패배감으로 얼룩진 마음을 딱딱한 나무의자 한쪽 귀퉁이에 내려놓고 기도를 드린다. 자아가 죽지 않고서는 새롭게 태어날 수 없다는 기도문이 나의 혈액을 타고 몸과 마음을 적신다. 걷잡을 수 없이 눈물이 흐른다. 내 삶은 세속에 물들지 않고 아름답게 반짝여야 한다고 치기를 부렸던 적이 있다. 삶의 한쪽 켠에 비켜서 있으면 피안처럼 그렇게 모든 것이 비껴갈 줄 알았다. 아픔도 없이, 고독을 사랑하지 않고 감히 위대한 무심을 흠모했었다. 만용이었다.

우연 속에서 맺어지는 이 세상 모든 일들은 결코 나와 무관하지 않다. 나는 늘 타인 속에서 나를 잃은 뒤에야 나를 찾으며, 삶에 지치고 나서야 시시포스의 후예임을 상기하며 자위한다. 일상이 소통을 피하며 미끄러지고 열정이 배신당할지라도, 단호한 걸음걸이로 운명을 넘어서는 저 시시포스의 영광을 뒤늦게 노래하는 것이다.

기도의 힘일까? 황량한 가슴에 꽃이 피어나듯 마음이 가벼워져 온다. 아주 미안한 마음으로 하느님을 불러 본다. 여전히 침묵뿐인, 까마득히 멀기만 한 그 하느님을 속절없이 불러볼 뿐이다.

2009년

# 뜨개질하는 여인

5월의 햇살은 은혜롭다. 담장마다 신록이 부풀어오르고 만발한 장미도 요염하다. 결이 고운 햇살을 머리에 이고 동네를 한 바퀴 산책했다. 키 큰 히말라야시더의 웅장함과 성인식을 치르듯 가볍게 잎을 떨며 자태를 뽐내는 단풍나무와 은행나무, 마로니에의 건강한 등허리를 병풍처럼 받쳐 주는 산비탈, 오랜 눈인사 속에서도 이름조차 기억하지 못하는 다양한 수종의 나무들이 살아가는 숲까지, 소중하지 않은 것이 없다. 오래된 아파트를 감싸고 자라는 나무들에 싸여 오늘도 여인이 뜨개질을 한다. 아파트 안에 자리 잡은 숲인데도 불구하고 늘 외롭게 비어 있던 벤치였다.

며칠째 뜨개질하는 여인으로 인해 숲은 더욱 평화롭다. 진지하게 하나의 세계를 창조하고 있는 그녀의 무릎 위엔 한가로움이 뒹군다. 지극히 평범한 광경 앞에서 나는 발걸음을 떼지 못했다. 그것은 이 동네의 일상적인 모습과는 어울리지 않는 풍경이었기 때문이다.

아파트는 잠든 듯이 고요하다. 가끔씩 주인을 찾는 전화벨 소리가 공허하게 통로를 떠돌고, 얼마쯤 지나 자동 응답기의 무심한 대답으로 다시 적막에 싸이는 시간. 여인은 과거에서 걸어나온 듯 느긋하고도 부지런히 뜨개질에 열중한다. 간간이 들리는 그녀의 허밍 소리, 도안을 보며 콧수를 세기도 하는 여인은 혼자지만 외로워 보이지 않았다.

인간관계의 친화력보다 유익한 정보를 공유하고 자기 관리를 위한 공부도 게을리하지 않아야 하는, 마치 필연처럼 무리짓기를 좋아하는 주부들의 삶에 비한다면 분명 그녀는 낯선 존재다. 획일성에서 벗어난 그녀의 표정에는 어떤 조급함이나 쫓김도 없다. 소외된 자에게서 느껴지는 우울의 그림자도 보이지 않는다. 당당하고 여유롭다. 무리에 끼지 못하면 불안한 사회, 그것은 이미 고장난 사회를 예고하는 징후인지 모른다.

한 달 전 남편이 입원하여 일 주일간 병실을 지킨 적이 있다. 비어 있던 옆 침상에 더 이상 손을 쓸 수 없다는 말기 암환자가 들어왔다. 악취 때문에 다른 병실에서도 외면을 당했다는 노옹을 위해 나는 함께 방을 쓰리라 마음먹었다. 생각보다 노옹의 병세는 심각했다.

나는 인내심의 한계를 드러내고 병실을 옮기고 말았다. 같은 급의 병실이 없어 우리가 좀 더 비싼 병실을 택해야 했으므로 그것으로 노옹을 돕는다고 위안했다. 그러나 깨끗하고 조용한 병실에 채 짐을 풀기도 전에 나는 부끄러움과 외로움을 느꼈다. 다양한 병의 증상과 차이를 인정할 줄 아는 지혜를 발휘했다면 나는 한밤중 병실을 옮기는 소동쯤은 벌이지 않았을 것이다. 내 의식의 오류 탓인지, 보편적인 사랑을 실천하는 일에 둔감한 습관 탓인지 모르지만 여하튼 아직까지 마음이 편치 않다. 차이를 인정하지 못한 아둔함의 소치로, 나는 곧 이승을 하직하게 될지도 모를 가련한 노옹을 차별하고 만 셈이다.

있는 것을 그냥 있게 하는 것. 하이데거가 강조했던 말이다. 그것은 세상과 원활한 의사소통을 위해서 예나 지금이나 반드시 갖추어야 할 덕목이 아닐까? 그런데도 나는 지나치게 획일적이거나 평등한 것을 강요하지 않았는가 반문해 본다. 자연 그대로를, 생긴 그대로의 타인을 인정하는 데 인색했던 것 같다. 서로의 차이와 다양성을 존중해 주기보다 같지 않음에 신경전을 벌이다 에너지를 소모하고 결국 상처투성이가 되기도 했다.

좀 더 성숙한 문화인이었다면 차이와 차별쯤은 혼동하지 않았을 것이다. 나와 너, 밝음과 어두움, 이런 것들로 세상을 양극화시키는 것은 물리적인 장치가 아니라 의식의 단절이다. 뜨개질하는 여인을 바라보며 혼자서도 안정된 자아를, 다수 속에서는 서로를 존중하며 소신있게 행동하리라 다짐해 본다.

바람이 분다. 뜨개질하는 여인의 옷자락과 나뭇잎들은 저마다 다른 몸짓으로 움직이면서 같은 방향으로 쓰러졌다. 그것은 아름답고 생동적인 화합의 풍경이었다. 무심한 시간은 푸른 그림자를 드리운 채 벌써 하오로 치닫고 있었다.

《매일신문》, 2005년 5월 28일

# 침묵

홀로 차를 마시거나 부스스한 모습으로 캠퍼스를 거니는 사람을 유독 좋아하던 때가 있었다. 무엇이 그 사람을 사색케 만드는지 궁금했다. 남을 의식하지 않고 혼자만의 세계에 빠져 있는 자의 고독은 참으로 건강해 보였다.

가늠할 수 없는 깊이가 느껴지는 모습을 몰래 지켜보면서 조촐한 즐거움을 누렸다. 가끔씩은 지극히 철학적인 단어를 떠올리며 단절된 그만의 세계에 초대받고 싶을 때도 있었다. 그럴 때마다 친구들은 놀려댔다. 내면의 깊이는 고사하고 무미건조하거나 성격에 결함이 있을 가능성이 높으니 경계하라는 충고의 말까지 잊지 않는다.

하지만 그 버릇은 여태껏 버리지 못하고 있다. 말수가 적은 사람에게 무조건 후한 점수부터 주고 본다. 게다가 언행이 굼떠 분위기를 맞추지 못하는 사람이 재치있는 사람보다 훨씬 인간답게 느껴지기까지 한다. 의도하지 않은 어눌한 말씨는 세속적이지 않아서 좋다. 오히려 못다 한 말 뒤에 감추어져 있는 세계가 더없이 넓고 신비스럽다. 침묵 안에 숨겨진 언어를 찾아내는 일은 얼마나 흥미로운가.

서점 앞에서 호떡을 굽는 여인을 만나기 전까지 절제된 언어가 빚어내는 아름다움을 한동안 잊고 있었다. 그녀는 언어장애자였다. 봄기운이 느껴지는 날씨 속에서 왜 하필이면 호떡이 먹고 싶었는지 모른다. 포장마차 앞에 멈춰 선 나를 보고 그녀는 환하게 웃으며 반긴다. 이미 구워져 있는 호떡이 따뜻한지 묻는 나에게 애교스런 몸짓으로 자기의 장애를 알렸다. 그리고 내 의사와 관계없이 반죽을 떼어내더니 호떡을 굽기 시작했다.

"얼마쯤 기다려야 될까요?"

그녀가 언어장애자라는 사실을 잊은 채 무심코 뱉었다. 대답이 없다. 그녀는 자기만의 세계에 빠져 호떡을 굽는 데 열중이다. 입술을 빠져나온 말은 방향을 잃은 채 비틀거리다 뜨거운 팬 위로 무기력하게 떨어졌다. 머쓱해진 나와 달리 그녀의 표정은 무심할 정도로 맑다. 한때는 그녀를 좌절시켰을지도 모를 언어가 지금은 침묵 앞에서 빛을 잃고 만다. 무슨 말이든 할 수 있다는 게 부끄럽다.

아무래도 갓 구운 호떡을 먹기에는 제법 시간이 걸릴 것 같다. 구워 놓은 것을 포장해서 달라고 그녀처럼 손짓으로 이야기했다. 조금도 어색하지 않은 나의 특별한 언어였다. 그녀가 또다시 웃으며 눈빛으로 아쉬워했다. 표정과 손짓, 게다가 미소까지 섞어 갓 구운 걸 주고 싶다고 했다. 호떡보다 달콤한 그녀의 몸짓언어. 둘의 대화는 완벽했다. 짧은 시간이지만 신선하고 따뜻했다. 혹시 우리는 동문서답하며 미소를 주고받은 건 아닐까. 그러면 어떠랴. 품위와 예의를 갖춘 말조차도 함부로 믿지 못하는 현실에서 마음으로 대화를 나눈다는 건 얼마나 큰 축복인가.

언행이 일치하지 않는 말은 차라리 침묵을 지키는 것보다 못하다. 그런데도 말하는 기술을 중요하게 여기는 세상이 되어 버렸다. 내용물보다 포장에 성성을 다하는 사람들이 많다. 말과 글을 무기삼아 살아가는 나 역시 그럴듯한 말로 상대의 마음을 움직이려 하지는 않았는가. 나이가 들어가면서 말을 아끼기는 훨씬 어려워지는 듯하다. 어떤 말이든 쉽게 쏟아놓고 돌아서면 이유 없이 허탈하고 짜증이 난다. 그래서 우리는 더욱 고독한지 모른다.

토론하기를 즐기던 소크라테스도 자신의 영혼을 돌보기 위해서 사색하기를 멈추지 않았고 악처인 크산티페의 잔소리에도 침묵으로 일관했다. 그런 침묵은 결코 침묵이 아니다. 신이나 자기 자신과 끊임없는 대화를 나누는 그의 살아있는 언어가 바깥으로 드러나지 않았을 뿐이다.

세상은 변했다. 절제된 말과 풍성한 마음만으로 서로를 확인할 수 있을 만큼 여유롭지가 못하다. 누군가 자기의 마음을 알아주기를 기다리는 것만큼 어리석은 처세술도 없을 게다. 드러나지 않은 것보다 가시적인 것에 가치를 두는 세상이 되었기 때문이다. 나를 제대로 드러내지 못하더라도 말을 통해 상대의 마음을 정확히 헤아릴 수 있다면 좋겠다.

수없이 쏟아지는 공허한 말을 들을 때면 나는 침묵의 세계를 꿈꾼다. 침묵은 깊고 강인하기에 지금도 내 삶의 전부를 맡기고 싶을 만큼 흠모하는 말이다. 그럼에도 불구하고 나는 주워 담지도 못할 말들을 습관처럼 흘리고 다닌다.

오늘도 호떡집 여인이 생각난다. 말의 홍수 속에서 숱하게 느끼던 현기증 때문에 그녀가 그리운 걸까. 말을 많이 한 날에는 간단한 수화 몇 개라도 익혀서 찾아가고 싶다. 그리고 침묵 속에서 빛을 발하는 참다운 언어를 배워 오리라. 말보다 눈빛과 마음으로 이야기하는 사람. 구업口業을 짓지 않아도 되니 어쩌면 그녀는 나보다 훨씬 행복할지 모른다.

《대구문학》, 2003년 봄호

# '맘마미아'를 보고

엔딩 트랙이 올라갈 때 온몸에서 새로운 기운이 돌고 있음을 알았다. 'thank you for the music'이 나의 일상을, 나의 미래를 변화시키라고 힘주어 속삭인다. 우울했던 기분은 깨끗이 사라졌다. 오래도록 그렇게 앉아 있고 싶었다. 빌딩숲과 소란한 자동차들 무리 속으로 들어서는 순간 이 황홀했던 각오는 모두 현실 속으로 분해될 것만 같다. 조명이 켜진 영화관 안에서 좀 더 오래도록 나를 만나고 싶었다.

많이 지쳐 있었다. 내 능력의 한계를 인정할 수밖에 없는 일 앞에서의 좌절감, 그것은 자존심 강한 나를 무참하게 절벽 끝으로 내몰곤 했다. 결코 내가 원하지 않았던 공간과 사람들 속에서 나의 한계를 시험하듯 하루하루를 버텨야 했다. 한 마디 상의도 없이 일을 벌인 남편을 숱하게 원망하며, 수도 없이 스스로를 다독이며 새로운 일에 몰두해 보려고 노력했지만 언제나 맞닥뜨린 것은 '이렇게 살아가는 나는 진정한 내가 아니다'였다.

그때마다 나는 삶의 권태로움을 잊기 위해 여행을 계획했다. 여행은 나를 변화시키지 못하고 늘 그 자리에 안주할 수 있도록 다독이거나, 부식되어 가는 일상을 참아내는 법을 가르쳤다. 그렇지만 내가 할 수 있는 유일한, 그러면서도 가장 손쉬운 방법이었기에 끊임없이 여행을 고집했다.

그런 나를 남들은 적극적이고 주체적으로 살아간다며 부러워했다. 내면에서는 스스로에 대한 회의가 끊임없이 밀려오는데, 남들은 나의 피상적인 모습에 끌려 그렇게 평가해 주었던 것이다. 어쩌면 남들의 그런 시선에 갇혀 습관적으로 살아 왔는지도 모른다. 황량하고 권태로운 삶의 침묵을 깨고 싶다는 갈증은 늘 머릿속에만 머물러 있었다. 끝이 보이지 않는 긴 터널 속에서 나는 방황만 하다 죽음에 이를 것이 분명하다고 자조적인 푸념을 늘어놓기도 했다.

'맘마미아'를 보러 가자는 친구의 전화 한 통과 가을 오후답지 않은 맹숭한 날씨가 나를 부추기지 않았다면 나의 하루는 그저그런 시간으로 채워졌을 것이다. 뮤지컬 역사상 가장 빠른 속도로 대성공을 거뒀다는 맘마미아를, 나는 기대감보다 의무감 비슷한 감정을 가지고 일을 팽개친 채 친구를 따라나섰다. 단지 몇 시간의 탈출에 더 큰 의미를 두었다. 대책 없는 행동으로 비쳐질 수 있는 과감함은 가끔씩 대어를 낚기도 한다. 오늘이 그런 날이다. 스크린 앞에 앉아 있는 스스로가 대견해 죽을 지경이다. '세상에!' 라는 뜻을 가진 그리스어 감탄사 Mamma mia! 나는 그 영화를 그렇게 만났다.

내가 좋아하는 메릴 스트립과 콜린 퍼스, 본드 걸을 찾아다니던 피어스 브로스넌과 같은 낯익은 배우들의 완숙한 연기와 빼어난 가창력은 폭포수처럼 시원했다. 그리스의 작은 섬에서 모텔을 운영하는 도나 역을 맡은 메릴 스트립과 20세의 아리따운 청춘을 자랑하는 딸 소피, 세대를 뛰어넘는 이해와 교감이 영화를 더욱 깊이있게 이끈다.

아만다 사이프리드의 청순미 속에서 나는 과거와 현재를 오갔다. 지금 나에게도 소피 같은 딸이 있으며, 결혼에 대한 막연한 환상과 설렘을 가졌던, 어설프고 풋내나던 청춘도 있었다.

자신감 하나로 들떠 있던 과거였다. 그러나 삶은 때때로 나의 의지와 무관하게 풀려 나간다는 것을 점차 경험하면서 지쳐 가기 시작했다. 결코 경험하고 싶지 않은 것들을 삶이 가져다 줄 때마다 내 그릇의 크기를 가늠하며 묵묵히 따라야만 했다.

그리스의 소포라데스 제도의 아름다운 섬들, 소피와 그녀의 연인 스카이가 감미로운 듀엣 송 'honey honey' 를 부를 때는 납덩이처럼 굳어있던 심장이 유연하게 달아오르기 시작했다. 내게도 아무 생각없이 사랑에만 빠져 있던 시절이 있었다. '아웃 오브 아프리카' 에서 여유있고 지적인 모습으로 젊은 나를 설레게 했던 메릴스트립이 오늘은 타자를 의식하지 않고 규범에 얽매이지 않는 적극적인 도나가 되어 나를 이끈다. 자기만의 색깔을 제대로 알고 표현할 줄 아는 열정은 얼마나 아름다운가. 어쩌면 그것이야말로 진정한 삶인 것이다.

상상조차 할 수 없는 도나와 두 친구의 자유분방한 행동, 그들은 과거도 미래도 아닌 현재에서 삶의 질과 가치를 찾는다. 오지도 않은 미래를 기웃거리면서 끊임없이 남을 의식하며 살아가는 나와는 대조적이다. 지나치게 진지하고 생각이 많아서 나는 늘 가고자 하는 길 앞에서 머뭇거릴 뿐이다. 그래서 일상은 줄곧 바쁘고 상실감과 허무함을 대동했는지도 모른다.

자유로운 영혼을 가진 조르바는 순간순간을 즐겁고 창조적으로 살았다. 십여 년 전 그리스의 해변에서 구경꾼을 의식하지 않고,

훌훌 수영복을 갈아입고 바닷가로 뛰어들던 젊은 여인도 생각났다. 그 당시 나는 그리스인들의 낙천성을 이해 못하고 경악했다. 스스로 행복해지는 법은 간단해 보이지만 분명 쉽지 않다. 재미있는 점은 소중한 것을 놓치고도 대부분 아름다운 인생을 꿈꾼다는데 있다.

영화는 지치는 기색도 없이 요란하게, 때로는 감미롭게 나를 끌어당긴다. 학창 시절 숱하게 들어왔던 아바의 곡들과 시놉시서스는 자칫 진부할 수 있다. 그러나 영화의 메시지는 분명했다. 게다가 그리스의 아름다운 바다 빛과 소피의 결혼식이 열리는 암벽 위에 자리한 작은 교회당을 나는 꿈을 꾸듯 거닐 수 있었다. 잠시의 지루함도 느낄 수 없다. 평범할 수 있는 아바의 곡들이 새롭게 태어났다.

'I have a dream', 'dancing queen' 'waterloo'…… 일상의 대화처럼 평이한 노랫말들이 심금을 울린다. 때때로 예민한 몸이 평소의 나답지 않게 들썩이며 리듬을 타는 통에 감정을 누르느라 애를 먹기도 했다. 여전히 나의 한쪽에서는 남을 의식하는 품위 있는 관객으로 머물러 있기를 고집했던 것이다. 뜨겁게 살아있는 나를 경험하면서도 여전히 남을 의식하는 차가운 이성에 사로잡혀 살아가는 나의 모순 앞에서 잠시 맥이 빠진다. 그러나 고개를 흔들며 부정한다.

지금 뮤즈의 여신은 내가 삶의 반환점에 이르렀음을 알려 주고 있지 않은가? 남의 시선으로 위축되어 온 스스로에게서 벗어나야 한다고……. 결코 새롭고 낯선 가치관은 아니었다. 하지만 이번에는 일상에서 경험한 상실감들이 오히려 멋진 춤사위로 이어질 거라는 확신이 든다. 왠지 영화관을 때리듯 울려대던 아바의 음악처럼 당당하고 멋진 미래를 펼칠 수 있을 것만 같다.

## 기다리는 시간

인생은 기다림의 연속이다. 누구나 크고 작은 기다림을 통해 자기를 반추하고 좀 더 나은 미래를 설계하며 내면을 성숙시켜 나간다.

부처님 앞에서 지극 정성으로 자식의 앞날을 비는 부모의 간절한 기다림이나 시간을 공유하지 못하여 애를 태우는 연인들의 애틋한 기다림, 흐르는 세월 속에 상처가 아물기만을 바라는 체념 섞인 기다림도 있다. 뿐만 아니라 오지 않을 사람을 애타게 기다리며 평생을 보내는 사람도 있다. 이렇게 큰 기다림 앞에서 사람들은 오히려 의연하게 대처한다.

하지만 대부분의 현대인은 시간의 족쇄에 묶여 노예처럼 살아가기 십상이다. 약속 시간이 지나면서 누군가를 기다릴 때는 초조해하기 일쑤다. 느긋하게 시간을 깔고 앉아 여유를 보이는 사람이 있는가 하면 연신 시계를 보며 안절부절못하는 사람도 있다. 후자의 기다림은 결과적으로 시간을 허비하는 것처럼 느껴지기도 한다. 기다리는 모습만 보아도 그 사람의 성격이나 직업까지 어느 정도 감지될 정도이다.

평소 나는 기다림에 익숙하지 않은 자는 인생의 깊이를 제대로 모르는 경박한 사람일 수 있다고 생각해 왔다. 그런데 정작 나는 스스로에게 몹시 실망했던 적이 있다.

지난 스승의 날 대학 동기들과 교수님을 뵙기로 하였다. 교수님을 뵐 기회가 종종 있었지만 조촐하게나마 예를 갖춰 식사 대접을

한다고 하니 기분이 남달랐다.

오랫동안 보지 못했던 친구들의 변화된 모습을 그려보며 아침부터 묘한 설렘을 안고 허둥거렸다. 바쁜 일과를 서둘러 마치거나 뒤로 미루어 놓은 채 일찌감치 약속 장소로 향했다. 텅 빈 예약석에 교수님 혼자 계실 것을 우려하여 십여 분 일찍 도착한 것이다.

아무도 없는 방에 다소곳이 자리를 잡고 앉아 친구들을 기다린다. 깨끗한 테이블 위에 준비된 수저와 빛깔 고운 일본식 반찬, 하나하나 눈인사를 나누는 것도 싫지 않다. 가끔씩 지나치는 종업원의 발걸음 소리를 들으며 나는 모처럼의 고독을 즐긴다. 이 정도에서는 누구나 우아하게 여유를 부릴 수 있으리라. 그러나 7시를 넘기면서 옆 테이블에 손님들이 들어서기 시작한다. 술렁거리는 주변 분위기 속에 혼자만 고독한 섬마냥 머쓱해진다. 갑자기 모든 것이 어색하다.

옆 테이블에서도 사제간의 정을 나누는 모양이다. 하얀 드레스셔츠 차림의 남성들에 에워싸여 있는 노신사. 푸근한 목소리에서 천직처럼 교단을 지켜온 분이란 것을 알 수 있다. 그들의 호쾌한 웃음소리가 비어 있는 내 테이블 위까지 출렁거리며 밀려든다. 왠지 남의 대화를 엿듣고 있는 것만 같아서 뒤늦게 핸드백 안을 뒤적거린다. 분신처럼 따라다니던 읽을거리가 오늘따라 보이지 않는다. 참으로 난감하다.

약속 시간을 넘기면서부터 자꾸만 주변 사람들의 시선이 거슬린다. 멀뚱거리며 시간만 축내는 하릴없어 보이는 30대 주부로 비쳐지는 것까지는 괜찮다. 이 옷 저 옷 걸쳐 보고 수도 없이 화장을 고쳐대며, 모처럼의 외출에 흥분을 감추지 못하는 삼류드라마 속의 주인공처럼 비쳐지진 않을까? 여기까지 생각하니 기다리는 시간이 점점 고통스러워져 온다.

나보다 시간적인 여유가 많은 친구들의 늑장에 은근히 부아가 치밀기도 하다가 서둘러 온 자신이 한심스럽기도 하다. 시간이 지나면서 서서히 불안감까지 파고든다. 약속 시간만큼은 철저하게 지키는 교수님도 오늘따라 웬일이실까? 혹시 건망증이 심한 내가 착각을 한 건 아닌지 테이블 밑으로 조심스레 수첩을 펴본다.

장소와 시간 모두가 정확하다. 그 때 낯익은 낱말이 커다랗게 확대되어 나를 조롱하듯 쳐다보고 있다. 7시까지!

바쁜 도시 생활에서 나도 모르게 익숙해져 버린 '까지'라는 흔한 조사 때문에 이십여 분이 이토록 불안했던 걸까. 언제까지 말미를 주겠노라고 흔히 소설 속에서 악덕 고리대금업자가 거드름을 피우며 내뱉는 말속에 빠지지 않고 등장하던 말이 아닌가. 빚쟁이의 심정은 한여름 뙤약볕에 간장종지가 타들어가는 것과 같을 텐데 덤으로 주는 말미조차 무색하게 해버리는 깍쟁이 같은 말이다. 아니, 잘 드는 칼에 한 치의 오차도 없이 두 동강이가 나버린 무가 연상되는 도회적인 말이다.

발암성 기운을 온몸에 휘감고 도시적인 인내력을 시험하는 말.

나 역시 끝도 없이 이어지는 '까지'를 징검다리 밟듯 차곡차곡 밟아 왔다. 생활이 각박하고 정신적인 부담감이 가중될수록 느긋함을 찾아야 하는데 어느새 무의식적으로 시계를 보는 일에 길들여져 왔단 말인가.

나는 수첩을 뒤져 '7시부터'라고 고쳐 적었다. 조금 숨통이 트이는 기분이다. 읽을 거리가 없는 것도 다행이라 위안했다. 여기까지 와서 볼썽사납게 독서삼매경에 빠지는 것조차 우습지 않은가. 간간이 술잔이 부딪치는 소리와 왁자한 웃음소리가 정겹다. 저 만남은 흐르는 강물처럼 해를 거르지 않고 자연스레 이어져 왔을까? 아니면 수십 년을 훌쩍 넘긴 긴 세월을 삭이며 술잔을 마주하는 것일까? 기계처럼 정시에 만나 필요한 말만 나누다 뿔뿔이 흩어지는 만남을 상상해 본다. 습관적으로 출입구를 향해 눈길을 돌릴지라도 기다리는 시간은 참으로 인간적이다.

마음이 편안해져 갈 때 교수님이 환한 웃음으로 들어오신다. 뒤이어 친구들도 약속이나 한 듯 차례차례 나타난다. 혼자만 촌각을 다투며 살아온 것처럼 호기를 부리던 모습을 잊고 나도 반갑게 인사를 나눈다. '부터와 까지'의 차이로 맛본 즐거운 기다림이었다. 하지만 혼자서 행복했던 그 순간은 아무도 눈치채지 못했으리라.

《수필과비평》, 2001년 11월호

# 숭고한 나무처럼

때 아니게 3월에 내린 눈을 서설이라 위안 삼는다. 대지에는 봄빛이 살아 꿈틀대는데, 무심한 눈발들은 아직도 겨울을 부여잡고 있다.

얼마 전부터 목련이 심상치 않게 흥분하더니 꽃망울을 밀어올리기 시작했다. 수차례의 찬비를 이겨내고 목덜미를 간질이는 햇살 아래에서도 결코 서두르지 않는다. 완연한 봄은 목련의 신호를 기다린다. 목련이 하얀 꽃치마를 차려입으면 멀리 있는 잡목 숲도 서서히 연둣빛을 띠리라. 해마다 봄은 그렇게 왔다. 혼돈과 무질서를 통과의례처럼 받아들이고 난 뒤 봄은 탄생하는 것이다.

베란다에 자스민과 군자란도 앞을 다투어 꽃망울을 과시하더니

오늘은 쏟아지는 눈을 보고 지레 창백하다. 늘 적절한 환경 속에서 지루하게 살아가는 데 익숙해져 버린 화초들. 후두둑 실밥이 터지듯 꽃이 피었다 질 것이다. 화초에게 봄은 희미한 뒷배경일 뿐이다. 계절에 상관없이 피었다 지기를 그저 반복한다. 목적 없이 지고 피는 삶이 그들에겐 무슨 의미가 있겠는가?

나무처럼 살고 싶어 정초에 겨울산을 오른 적이 있다. 나목들은 저마다 침묵 속에서도 생존의 투쟁을 벌이고 있었다. 가지마다 섬세한 촉각들이 살아서 길을 내고 내면의 소리를 듣는다. 무서우리만치 적막한 숲에 채앵 채앵 바람을 튕겨내는 겨울 나무의 자존심만 가득하다.

순간 바람이 긴장한다. 겨울 숲에 가면 내가 낯설어진다. 툭툭 살집이 터진 신갈나무를 두 손으로 감싸안고 생명의 펌프질을 느낀다. 나도 겨울산도 포근하다.

저 멀리까지 군락을 이루면서도 정체성을 찾기 위해 몸부림치는 자작나무의 아픔이 보인다. 우아한 외형과는 달리 그들은 끊임없이 무엇인가를 찾을 것이다. 하지만 무리를 이루었기에 자작나무 숲은 더욱 빛나는 법. 수종이 다른 나무들은 적당하게 거리를 두고 숲의 일원이 되는 법을 터득한다. 아름드리 고목이 어린 나무를 부러뜨리고 뿌리째 나뒹굴고 있어도 숲은 평온하다.

숲이 아름다운 까닭은 변덕스런 바람과 비와 폭설이 남기고 간 상흔이 있기 때문인지도 모른다. 미련 없이 버릴 줄 알기에 봄을 향한 겨울 나무의 몸부림은 눈부시리라. 무심을 되뇌는 것조차 변형된 집착이라며 겨울나무가 꾸짖는다. 가만히 눈을 감고 나무에게서 살아가는 법을 배운다.

문명이 넘쳐나는 도시 속에서 우리는 무엇으로 살아가는가? 사람들은 살기 위해 도시로 모여들지만 자기에게는 죽기 위한 것처럼 보인다고 릴케는 「말테의 수기」에서 말했다. 도시에서 숱한 세월을 보내면서도 느끼지 못한, 정녕 우리가 잃은 것은 겨울 나무가 가진 자존심이 아닐는지.

비단 같은 수피를 켜켜이 벗어내며 자기의 존재를 확인하는 사스레나무를 닮고 싶다. 고통으로 점철되는 삶이지만 그것이야말로 사스레나무가 존재하는 이유일 게다.

얼마 후 나는 도시에서 수많은 겨울 나무를 보았다. 숱한 혼란과 좌절 속에서도 자연의 섭리처럼 질서를 찾아가는 맑은 영혼들. 이국 땅에서 살신성인을 실천하다 전철로 뛰어든 이수현 군이나 죽음을 무릅쓰고 사명을 다하다 사라져간 소방대원들의 비보, 그것은 나무보다 고결하고 숭고한 삶이다.

꽃망울을 떠뜨리려다 말고 몇 차례나 움츠러들어야 하는 목련을 바라본다. 봄은 결코 쉬이 오는 것이 아닌가 보다.

《매일 신문》, 2002년 4월

# 홀로 핀 진달래

느긋한 마음으로 아파트 뜰을 거닌다. 봄꽃이 지고 난 뒤 찾아온 푸른 기운이 바람에 넘실거린다. 별다른 준비 없이 봄의 향연에 도취했다가 깰 무렵 5월의 신록은 얼마나 큰 위안과 안정감을 가져다 주는가.

해마다 되풀이되는 계절의 변화이지만 새로운 마음으로 맞을 수 있는 이 경이로움. 살면서 혼탁해지고 상처 입은 영혼을 계절이 바뀔 때마다 나는 정갈히 씻고 치유받는다. 인간이 본래의 향기를 잃어갈 때는 초조하게 의술의 힘에 의존하지 말고 과묵한 자연 앞에 서 보라고 충고하고 싶다.

수년 전 원인을 알 수 없는 우울증으로 정신과를 수차례 다닌 적이 있다. 낯선 남자 앞에서 온갖 자질구레한 이야기를 풀어 놓았지만 나의 세계는 언제나 회색빛에서 벗어날 줄 몰랐다. 주치의는 나를 보고 무엇엔가 강한 구속감을 느끼고 있다고 말했다. 너무나 뜻밖의 말이었다. 연세에 비해 개방적인 시어머니, 밤낮없이 일에 지쳐 있긴 하지만 이해심 많은 남편, 저마다 아이를 키우며 성숙해가는 친구들……. 그 누구도 나를 구속할 만큼 별난 사람은 없었다.

나의 강한 부정에도 주치의는 고장난 시계의 부품을 찾아내듯 내 내면을 예리한 눈과 머리로 점검하곤 했다. 나도 구속감의 정체에 묘한 호기심을 느끼고 수수께끼를 풀 듯 원인을 찾으려고 노력했다.

그러던 어느 날, 앞마당에 뒤늦게 핀 진달래를 보았다. 야트막한 산비탈에서 흔하게 볼 수 있는 한국적인 진달래가 아니었다. 곧게 뻗어 오른 가지 끝에 큼지막한 꽃잎이 복스럽다. 햇살에 속살을 드러낸 연보라 꽃잎은 황홀할 만큼 곱다. 나는 조화가 아닐까 의심하면서 조심스레 다가갔다. 꽃잎에 선뜻 손을 댈 수가 없다. 얇은 이파리가 낮은 바람에도 파르르 떤다. 분명 생화다.

이미 봄꽃이 이울고 난 철 지난 계절에 어이 홀로 피었을까? 도시 여인을 닮은 듯한 개량종 진달래에서 왠지 연민의 아픔이 느껴진다. 찬바람을 막아주는 아파트군의 보호를 받으며 우아함을 자랑하건만 어딘지 슬픔이 묻어 있는 듯하여 못내 자리를 뜰 수가 없다.

두메산골에서 핀 꽃이라 착각할 만큼 깨끗한 꽃잎의 색깔 탓이었을까? 왠지 오래 견뎌내지 못할 것 같은 불안감을 접어두고 지켜보기로 했다. 산뜻하게 차려입고 화려한 외출을 서두르는 여인의 옷매무새처럼 진달래는 흐트러짐 없이 며칠을 견뎠다. 그것을 지켜보는 나의 마음이 오히려 초조해져 온다.

사람이든 꽃이든 주변과 조화를 이루지 못하는 아름다움은 오히려 진한 슬픔으로 다가온다. 매연과 소음을 먹고 피는 도시의 꽃답게 강해 보였다면 바라보는 이의 마음도 한결 편안했으리라. 사람들의 옷깃에 스치기도 하고 개구쟁이들의 부산한 손길로 강인해진 진달래였다면 나도 용감하게 꽃잎 하나 따서 책갈피에 넣어두는 즐거움을 누렸을 것이다.

며칠 동안 홀로 핀 진달래를 지켜보다가 문득 그 안에 웅크리고 있는 나를 보았다. 자기만의 거울을 혼자 바라보며 살아가는 나. 내가 가진 작은 거울 속에는 주변의 사람들이 비쳐질 자리가 없었다. 오직 나 하나만 비쳐지는 아주 작은 거울이었다. 그래서 나는 늘 외로웠다. 주변을 외면하고 혼자 취해서 살아가는 나도 다른 사람의 눈에는 홀로 핀 진달래와 같은 모습으로 비쳐지진 않았을까?

이웃들과 어울려 차 한잔 나누는 자리에도 나는 끼지 않았다. 아이들과 남편, 시댁 이야기로 시간을 보내는 할 일 없어 보이는 여자로 치부해 버리던 독선. 그렇다고 하루를 여물게 보낼 만큼 뚜렷한 삶의 목표도 없었으면서 나만의 고루한 틀 속에서 혼자 살았다. 허물지 못하는, 아니 절대로 허물어서는 안 되는 성벽을 혼자만 열심히 쌓았던 것이다. 온몸에 힘이 빠진다.

홀로 핀 진달래 앞에서 우울증의 원인을 찾아냈다. 해마다 계절이 바뀔 때면 어김없이 나는 스스로 주치의가 되어 나 속의 나를 만나러 떠난다. 누구보다 나를 잘 아는 주치의와 만나 뜨겁게 인생을 이야기한다.

평범한 것이 가장 좋다는 진리를 깨달은 그날, 앞마당에 홀로 핀 진달래는 꽃잎을 떨구며 지더니 어느새 내 안에서 이울지 않는 꽃으로 다시 피어나고 있다.

2001년

# 5
# 독서와 즐거움
## reading & pleasure

2003년 1 · 2월 대구《매일신문》에 실린 '독서칼럼'

OXFORD

# 모처럼 만난 '사랑'

춘원의 '사랑'을 처음 접한 건 중학교 때였다. 서로에 대한 존경과 절제로 빚어내는 사랑은 실로 아름다웠다고 기억된다. 하지만 독서모임에서 그 책을 다시 읽자고 했을 때 그리 반갑지는 않았다. 사랑에 대한 개념이 어느 정도 자리 잡힌 나이에 필리아적인 사랑과 에로스적 사랑을 새삼스럽게 논한다는 게 진부하게 느껴졌다.

대충 줄거리를 더듬다가 도서관을 찾았다. 놀랍게도 젊은 날 우리들이 애독했던 책들은 신간서적들에 밀려 지하 창고에서 빛을 잃어가고 있었다. 직설적이고 요란한 현대식 사랑론 앞에서 춘원도 무릎을 꿇은 것일까. 어렵사리 책을 구했지만 둥지 잃은 새마냥 몸과 마음이 허전하다.

누렇게 변색된 책장을 넘기자 오래된 책 향기가 곰실곰실 기어 나온다. 추억을 더듬으며 책 속 인물들과 반갑게 인사를 나누었다. 그들은 여전히 퇴색되지 않고 엄숙할 정도로 이지적이다. 무엇보다 안빈의 처 옥남이 빚어내는 사랑에는 억지스러움이 없다.

한 남편의 아내이며 아이를 키우는 처지에서 오는 동질감 때문일까. 숱한 갈등으로 몸부림치면서도 하나하나 높은 단계로 자신을 승화시켜나가는 삶. 그녀의 사랑이 눈부신 것은 상대에 대한 믿음과 희생이 자리 잡고 있기 때문이다. 그동안 나는 사랑이라는

말 앞에서 얼마나 노심초사했던가.

그녀에 비해 내가 추구하고 길들여져 온 사랑은 탐욕적이거나 정신적인 허영에 불과하다. 변형된 사랑은 질투와 불신으로 스스로를 파괴시키지만, 진정한 사랑은 투명한 빛처럼 세상에 녹아드는 법이다.

이기적이고 일회적인 사랑은 결국 우리 존재를 가볍게 만든다. 지금 우리가 빚어내는 사랑의 음계는 어떤 것인지 돌아보고 사랑하는 법을 제대로 배워야 할 것 같다.

잊혀져 가던 책 한 권이 조율되지 않은 삶을 팽팽하게 긴장시킬 뿐 아니라 마음의 장님으로 신간서적과 베스트셀러를 쫓아다니는 어리석음까지 깨우쳐 준다. 뿌듯한 감동이 있는 밤, 이 즐거움으로 나는 오늘도 책을 읽는다.

# 책과 추억

겨울 방학이 오면 아랫목에 배를 깔고 누워 책을 읽던 시절이 있었다. 문풍지가 울고 먼 데서 개 짖는 소리가 들리는 긴 겨울밤의 안온함을 만끽하며 우리는 책을 읽었다.

아버지는 '왕비열전'과 같은 전집류를 머리맡에 쌓아두고 읽으셨던 것 같다. 군고구마나 떡 따위를 시원한 동치미와 함께 내오시며 흡족해 하던 어머니의 미소도 잊을 수 없다. 괘종시계가 방 안의 공기를 흩어 놓거나 사랑방에서 들리는 할아버지의 기침 소리가 정적을 깨던 겨울밤, 독서 삼매경에 빠져 있다 보면 어느새 겨울 방학은 막바지에 이르곤 했다.

그 때 읽은 책들은 내가 성장하는 데 많은 영향을 주었다. 엄한 가정 환경과 교육, 타고난 소심한 성격에도 불구하고 끊임없이 솟아오르는 호기심과 살아 움직이는 감성들은 책 속에서 빛을 발했다. 아련하게 남아있는, 책에 대한 추억들은 지금까지 나를 지켜주는 버팀목이 되고 있다.

가끔씩 시간이 나면 무작정 도서관을 찾는다. 부질없는 일에 집착하며 살아가는 나를 죽비처럼 준엄하게 꾸짖기도 하고 용기를 주기도 한다. 시간 가는 줄 모르고 책을 읽다 돌아올 때의 즐거움은 무엇과도 바꿀 수 없다. 책에 탐닉할 수 있는 여유로움에 감사하며 내면은 충만감으로 부풀어오른다.

하지만 갈등이나 선택의 여지도 없이 주문형 교육에 맞춰 성장하는 요즘 아이들을 볼 때는 안타깝기 그지없다. 그들은 훨씬 현실적이다. 여유와 이상을 꿈꾸며 가슴으로 만나는 책읽기는 어쩌면 사치일지 모른다. 국어 공부 하듯 이야기의 배경과 인물 분석, 그리고 주제를 찾아 논리적인 글을 쓰는 일이 더 시급하다. 그들에게 독서는 명문대를 향해 거쳐야 할 또 다른 관문이다.

획일화 된 독서법이 아이들의 꿈을 꺾지는 않는가. 빛 바랜 종이에 흑백 그림이 간간이 나오던 책을 읽었지만, 부단히 꿈을 꾸며 시행착오를 두려워하지 않던 시절이 그립다. 모두가 교과서처럼 규격화 된 삶을 추구하고 있다. 다채로움이 빚어내는 즐거움과 폭넓은 사고의 만남, 참고서나 재미를 더해 주는 별책부록 같은 삶도 좋지 않을까.

# 소중한 쉼표

연말을 첩첩이 산으로 둘러싸인 강원도 오지에서 보냈다. 갑자기 내린 폭설로 낯익은 세상은 꼭꼭 숨어 버렸다. 포복한 군인마냥 설야를 지키는 불빛들이 드문드문 신호를 보내자 겨울 별이 눈을 뜨기 시작했다.

눈 속에서 자신을 낮추는 겸허한 시간이 이어졌다. 빠르게 변화해 가는 세상으로 열려져 있던 창을 모처럼 닫아걸고 나도 책을 읽는다. 함박눈은 무섭지 않아요. 오히려 작은 싸락눈이 소리 없이 내리면 어느새 장독이 사라지고 또 떠보면 울타리가 보이지 않지요.

안주인의 이야기를 들으며 조금씩 조금씩 독서량이 늘 때마다 새로운 세상을 경험하는 것과 같은 이치를 느꼈다. 바쁜 일과에 쫓겨 허둥거리며 책을 삼키던 나였지만, 오늘만큼은 싸락눈을 맞듯 음미하며 읽는다. 작은 글자들이 눈송이처럼 날리는 책 속으로 나는 빠져들어 갔다.

찻물이 끓고 소나무 위에 쌓여 있던 눈덩이가 간헐적으로 떨어지는 소리가 들린다. 모두가 잠든 이 밤, 깊은 골짜기에서 누군가와 명료한 대화를 나눌 수 있어 행복하다. 갑자기 문장의 호흡이 길고 어렵다. 왔던 길을 거슬러 또박또박 다시 읽노라니 이내 작은 쉼표의 필요성과 소중함을 깨닫는다. 무턱대고 앞만 보고 달리는 우리들과 그 지루한 문장이 닮아 있어 놓친 시간이 아깝지 않다.

쉽고 평범한 이야기에 감동적인 진실이 담겨 있거나 사색하지 않으면 결코 건질 수 없는 귀한 진리들이 숨어 있는 경우도 있다.

책을 읽고 난 후의 세상은 뭐든지 새롭다. 내면은 충만감으로 들떠 있고 무심히 지나치던 마른 풀포기조차 어제와 달라 보인다. 이러한 즐거움 때문에 책의 역사는 길고 발전적일지 모른다.

책은 또 하나의 사람이고 또 하나의 인생이다. 볼품 없는 모과가 아름다운 향을 간직한 것처럼 책도 저마다 독특한 향기를 지니고 우리를 기다린다. 그 소중한 책을 우리는 잊고 지내는 건 아닐까. 계미년 새해에는 서두르지 않고 쉼 없이 책을 읽으며 지루한 삶 속에 쉼표를 찍어 나가리라.

# 에밀을 생각하며

어느 중학교 졸업식에서였다. 대여섯 명의 아이들이 시끌벅적하게 졸업을 자축하고 있었다. 굽 높은 구두와 올림머리, 게다가 세련된 화장까지 도저히 학생으로는 믿어지지 않는 차림이었다. 주변의 따가운 시선을 의식해서인지 기세 등등하게 밀가루와 달걀을 덮어쓰고 상스러운 말로 떠들었다. 모두들 눈살을 찌푸리면서도 신기하게 지켜보았다.

화려한 옷차림과 화장 뒤에 감추어진 앳된 얼굴, 무엇을 해야 할지를 결정하지 못하고 방황하는 그들만의 독특하고 파격적인 행동을 이대로 보아 넘겨야 하는가. 인생에 있어 가장 소중한 때이며 자기가 원하는 이상의 것을 할 수 있는 시기의 몸부림을 나는 어떻게 받아들여야 할지 고민스러웠다.

인간은 삶의 출발신에서 이미 공부하기 시작한다며 자연인으로 키우기를 강조했던 루소의 교육서 '에밀'이 생각난다. 그의 말에 따른다면 훌륭한 교육은 자기 자신을 알고 활용하며, 아이들 스스로 사는 것에 관심과 의미를 부여할 수 있도록 배려하는 것이다. 그렇다면 우리는 그들의 생각 속으로 들어가지 않고 어른들의 논리만을 머릿속에 채워주려고 하지는 않았는가 반문해 볼 일이다.

참다운 교육이란 훈계보다 실제적인 훈련으로써 행해져야 한다. 많은 사람들은 아이들이 자기의 잘못을 깨닫는 능력이 생기기도 전부터 벌을 주고 훈육한다. 규범에서 조금이라도 벗어나면 긍정적으로 보지 못하고 위험한 편견부터 가지는 어른들의 자세도 반성해야 하리라. 어쩌면 우리 역시 자아를 한 공동체 속에 몰입시키는 제도에 익숙해져 왔기에 그들의 행동을 이해할 수 없는지도 모른다. 어른들은 아이를 한 개체로 보지 않고 전체의 일부분으로 생각하는 경향이 짙다.

뛰어난 패션 감각을 칭찬하거나 기쁨을 함께 나누지는 못하더라도, 특별한 날의 탈출구쯤으로 이해할 수도 있지 않은가. 힘이 들 땐 누구나 넘어지는 수도 있다. 그들을 향하는 시선 속에 믿음이 있다면 그들은 당장 일어나는 법을 배울 것이다. 그리고 경험을 통해 사려 깊고 판단이 바른 성인으로 설 수 있으리라. 루소의 '에밀'에 의한다면.

# 안락한 쉼터, 도서관

겨울이 시작될 무렵 친구의 집에 난로를 마련했다는 소식을 들었다. 구경을 오라는 친구의 성화 속에서 나는 몇 차례 행복한 상상에 빠졌다. 정원 모퉁이에 쌓여져 있을 장작더미, 불을 피우기 위해 애를 쓰는 모습이나 실내를 어슬렁거릴 검은 연기조차 정겹다. 무엇보다 아늑한 공간에서 책을 읽는 아이들을 생각하면 가슴이 멎도록 부러워지는 것이다. 때때로 그들은 장작을 넣고 재가 되어 사라지는 불티를 바라보며 책에 대한 이야기를 나누리라.

나의 부러움은 열악한 교육 환경으로 이어지면서 곧 우울해지고 말았다. 책을 읽는 환경만큼은 과거에 비해 나아진 게 없다. 형식적으로 갖춰진 책과 딱딱한 분위기는 결코 아이들을 끌어들이지 못한다. 정부나 학부모는 공교육 강화를 외치면서도 학교와 도서관에 대한 관심과 투자는 부끄러울 정도로 소홀하다. 사교육의 과열로 부작용도 만만찮은데 도서관의 선진화는 왜 이토록 더딘 걸까.

학교에서 도서실은 어린이들이 가장 편하게 드나들고 싶은 공간이 되어야 한다. 소파에 눕거나 기대기도 하며 편안한 자세로 책을 읽는 외국의 어느 학교 도서실 풍경이 잊혀지지 않는다. 특히 어린이 전용 도서관은 친구와 담소를 나누기도 하며 자연스럽게 책과 친해질 수 있도록 해야 한다. 이런 도서관을 가까이에서 접할 수 있다면 PC방을 기웃거리고 시내를 배회하는 아이들은 줄어들 것이다.

몇 년 전 부산에 있는 김성종 추리문학관에 다녀온 뒤 줄곧 그런 도서관 하나쯤 곁에 두기를 꿈꾸었다. 아담한 건물에 갇혀 책 읽는 즐거움에 빠졌고 간간이 바다를 바라보면서 휴식을 취했다. 간단한 차도 주문해서 마실 수 있는 그곳에는 강요된 침묵이 아니라 따뜻한 고요와 편안함이 감돌았다. 그 후 자주 부산을 그리워하게 되었다. 그것은 오랜 세월 쏟아왔던 한 사람의 정성과 노력이 있었기 때문이다.

크고 작은 도서관이 우리들 가까이에 벗처럼 있는 세상, 그 땐 책을 읽자는 캠페인이 오히려 우스꽝스럽게 들리지는 않을까.

# 책 읽는 즐거움

앨빈 토플러는 미래 사회에서 인간이 맞서 싸워야 할 적은 속도라고 말한 바 있다. 그의 말은 적중했으며 최근 들어 많은 사람들이 속도에 환멸을 느끼는 듯하다. 태만으로 여겨지던 느림이 여유와 자유라는 신선한 의미를 띠고 다가왔건만, 우리는 쉽게 속도를 늦추지 못한다. 빠름만이 성공의 지름길은 아니다.

하지만 요즘 대부분의 독서 교육은 즐거움이나 감동보다 학습 효과를 높이는 수단으로 이루어진다. 독서에 대한 어른들의 무지와 지나친 욕심으로 짧은 시간 안에 많은 책을 정확하게 읽어내기 위한 훈련이 유행처럼 번지고 있다. 아이들은 소리나 형태, 감각 같은 것들은 곧잘 기억하지만 관념은 거의 기억하지 못한다.

SHIP
2012. 1. 16.

빠르고 쉽게 습득하는 것이 과연 좋은 것인가. 줄거리를 알고 핵심을 찾는 일이 독서 교육의 전부는 아니다. 맑은 영혼과 감성으로 영화의 클라이맥스처럼 선명히 기억 속에 각인될 수 있는 절정적인 경험이 반복되어야 한다. 이렇게 읽은 책은 세월이 흘러도 잊혀지지 않는다.

초등학교 3학년 때 전국 고전 읽기 대회에 참가하기 위해 몇 달 동안 책을 읽은 적이 있다. 『그림 없는 그림책』, 『이솝 이야기』, 『옛날 이야기』, 다른 한 권은 정확하게 기억나지 않지만 그 책들은 어제 읽은 것처럼 생생하다. 화려한 삽화가 없어도 배경이나 주인공은 상상 속에서 또는 내 주변의 자연이나 사람들과 연관지어져 살아나곤 하였다.

운동회 연습이나 대청소 시간에도 제외되는 특혜를 누렸지만, 방과후까지 남아 책을 읽고 예상문제를 푸는 일은 점점 나를 따분하게 만들었다. 뿐만 아니라 책 읽는 설렘과 꿈까지 앗아갔던 그 문제들은 이미 오래 전 내 기억 속에서 사라졌다. 친구들이 빠져나간 운동장을 쓸쓸하게 걸어나오던 기억만큼도 못한 것이 되고 말았다.

유년의 기억은 평생을 좌우할 만큼 소중하다. 자기만의 생각과 세계를 확보할 수 있는 충분한 시간과 여유가 주어졌을 때 책 읽는 즐거움은 제대로 맛볼 수 있다. 그것은 다양한 영혼들이 빚어내는 숭고한 만남의 장이기 때문이다.

# 균형 있는 독서

잡목으로 덮인 산을 오른다. 아무것도 걸치지 않은 숲 속에 무심히 누워있는 길을 따라 걷는다. 그리고 나무들의 이야기에 귀 기울여 본다. 소리 없이 자기를 성찰하는 나무들과의 만남, 분명 신명나는 외출이다. 육신에는 온기가 돌고 중심을 잃어 공허하던 마음은 물기를 머금듯 차분해진다.

겨울 숲에서 고동치는 생명의 소리, 까칠한 수피 속의 훈기, 제각기 다른 나무들의 섬세한 언어들, 닫혀 있던 감각들이 일제히 눈을 뜬다. 움츠리고 있던 꿈도 날개를 달고 퍼덕인다. 숲은 찬란한 존재의 아름다움으로 가득하다.

하지만 외곬으로 특정한 나무만을 좋아하다 보면 때로 근시안적

이기 쉽다. 오직 한 나무의 매력에 취해서 자신도 모르게 울타리를 치고 종종 숲을 보지 못하는 어리석음을 범할 수 있기 때문이다. 그에 버금가는 수많은 나무들이 더불어 살아가며 풍성한 숲을 이루고 산을 형성함에도 불구하고 그의 시야에 들어온 나무들은 결코 생명력이 느껴지지 않는다. 가끔씩 울타리를 벗어나 다양한 수종의 나무들을 만나고 정상에 올라 숲을 바라보는 지혜를 가져야 하리라.

책을 좋아하는 사람 중에도 저마다 독특한 세계에 갇혀 있는 경우들이 있다. 어떤 책이든 학문적인 깊이로 잣대를 재는 사람이 있는가 하면, 취향에 맞는 특정 분야의 책만 즐겨 읽는 사람, 또 독서량에 비해 자기 나름의 철학조차 정립되지 않은 사람도 있다. 이는 여러 수종의 나무를 제대로 관찰하지 않거나 정상에서 숲을 보지 않은 이치와 같다.

우리는 새로운 것을 얻기 위해 책을 읽기도 하고 복잡한 세상사를 잊기 위해 책을 읽기도 한다. 어떤 경우든 결코 한쪽으로 치우친 독서로 스스로를 가두는 우매함을 저질러서는 안 된다. 다양한 종류의 책들을 통해 고른 영양분을 섭취해야만 균형된 시각을 유지할 수 있다. 살랑거리는 바람과 새들의 날갯짓 소리, 각기 다른 나무들의 향기를 음미하며 산을 오른다면 더 즐거우리라. 정상에 올라 산의 해발과 지형, 숲의 깊이를 알고 난 뒤 힘차게 야호를 외쳐보는 것은 어떨까.

# 학문의 가치

얼마 전 외국에서 유학 중이던 사촌이 잠시 귀국했다. 이름 있는 공대를 졸업한 그는 좋은 직장의 유혹도 뿌리치고 유학을 떠났었다. 어릴 때부터 영민하던 그의 유학을 나는 내심 기뻐하였다.

그런데 오랜만에 만난 그의 휴대전화에 '부자가 되자' 라는 문구가 적혀 있었다. 깜찍한 여배우가 두 팔로 원을 그리며 외쳐대던 광고가 떠올라 피식 웃음이 나왔다. 처음에는 장난삼아 적어 놓은 것이려니 생각했는데 뜻밖에 그는 진지했다. 무엇 하나 부족함이 없는 환경에서 자란 그의 포부를 나는 쉽게 납득할 수 없었다. 하지만 소외 받는 사람에게 사랑을 전달하는 자선사업가 정도를 상상하며 뒷이야기를 기다렸다.

2011. 11. 11.

2011. 11. 11.

의외로 그는 유모차를 끌고 여유있게 호숫가를 산책하는 현지인의 삶에 신선한 충격을 받았노라고 하였다. 부모의 도움없이 안정된 생활을 영위할 수 있다면 흡족하다는 거였다. 검소하고 진취적인 의식을 가진 그였기에 적잖이 실망하고 말았다. 눈만 뜨면 공부에 매달려야 하는 우리의 정서에 진저리가 났을 만도 하다. 하지만 그토록 힘들게 공부한 이유가 육신의 풍족함을 누리기 위해서였다면 허무하지 않은가.

나는 그를 통해 우리 교육의 현실을 보았다.

부와 명예가 공존하는 일등이 목표가 된 삶. 치열하게 고민하고 아파해야 할 젊은 지성들은 적당히 타협하고 안주하기를 꿈꾼다. 해가 갈수록 가슴보다 머리를 비대시키는 책읽기가 만연해지고 있다. 뚜렷한 꿈도 없이 쌓아올린 지식은 쉽게 무너지는 법이다. 명석한 두뇌와 애써 쌓아올린 지식이 좀 더 보람 있고 원대한 일에 쓰일 수는 없을까.

대나무가 아름다운 이유는 하늘을 찌를 듯한 곧은 기상과 푸르름 때문이다. 하지만 꽃을 피우고 나면 어김없이 생을 마감해야 하는 슬픈 운명을 지녔다. 튼실한 종자도 맺지 못하는 볼품 없는 꽃, 그 유혹을 뿌리치지 못한 대나무의 삶은 비극적이다. 나는 자라나는 세대들이 어떠한 역경에서도 꺾이지 않는 꿈과 열정을 가지기를 기대해 본다. 새들이 지저귀고 겨울바람이 쉬어가는 울창한 대숲 같은 존재가 되기를.

# 책을 사랑하는 마음

생전에 할아버지는 책상을 벗처럼 끼고 사셨다. 낡고 오래된 책상 앞에서 하루를 열던 그 새벽은 참으로 경건해 보였다. 할아버지의 글 읽는 소리에 이슬이 내리기도 하고 문밖 배롱나무가 꽃을 피운다고도 생각하였다. 그런 까닭에 나는 어머니께 꾸중을 들으면서도 사랑방에서 자기를 고집했다.

어쩌다가 집이라도 비우는 날에는 불호령을 내릴 만큼 할아버지는 책을 아끼셨다. 조상 대대로 내려온 고서가 도난 당할까 우려하셨음이다. 값나가는 희귀본은 아닐지라도 책은 할아버지의 자존심이었다. 세상이 점점 배금주의로 변해 가도 할아버지는 책을 읽고 글을 쓰는 일에 소홀하지 않으셨다. 운율을 실어 글을 읽다가 가끔씩 환한 미소를 띄우며 무릎을 치시는 할아버지를 보면 나도 덩달아 즐거워졌다.

낡은 코트와 한두 권의 책이 든 가방, 할아버지의 외출은 늘 검소하고 당당했다. 그러나 책상 앞에서 새벽을 여는 아름다움은 무엇과도 바꿀 수 없는 소중한 유산이다. 그 추억의 편린 때문일까. 나도 책에 파묻혀 있을 때가 가장 편안하다.

어릴 때부터 책이 많은 환경에서 자란 아이는 대체로 책과의 친밀감도 높다. 부모의 관심거리는 역시 아이에게도 관심거리일 수밖에 없다. 손만 뻗으면 책을 볼 수 있는 환경, 즉 사회 전체가 도서관화 될 때 이상적인 독서교육이 이루어진다고 본다. 공공도서관을 이용하는 것도 좋지만, 부모가 애정을 가지고 책을 사서 보는 것은 어떨까.

억지스럽게 책을 읽히고 독후감을 강요하다 보면 역기능도 생긴다. 감성을 깨워 삶에 열정을 가질 때 비로소 풍성한 삶을 영위할 수 있으리라.

인생은 단거리 경주가 아니다. 기초체력을 외면한 채 스피드 내는 일에만 훈련된 선수는 마라톤 경주에서 쉽게 지치고 만다. 이제는 틈틈이 좋은 책과 영화 그리고 음악을 접하며 인생을 향유할 수 있는 분위기를 연출해 보자. 시간을 잊고 어딘가에 몰두하는 모습이야말로 가장 아름답지 않은가.

| 발문 |

김규종
경북대학교 인문대학장 | 노어노문학과 교수

# 아름다운 일탈과 새로운 비상을 위하여

한 편의 글을 쓴다는 것은 행복하고도 고통스러운 일이다. 글을 쓰는 행위는 스스로를 성찰하고, 세상과 사람들을 다시 생각하면서 삶의 전면과 배면을 돌아보는 작업이기 때문이다. 더러는 부쩍 자라난 영혼과 정신의 키가 대견할 수도 있고, 더러는 쉽지 않은 인간관계로 인해 안팎곱사등이가 되어 있는 자신을 확인하는 경우도 있다. 그래서 "글은 곧 사람이다!"라는 기막힌 명제가 설득력 있는 것이다. 길든 짧든 한 편의 글에는 지은이의 생각과 느낌 그리고 인품과 세계관이 고스란히 담겨 있기 때문이다.

발문을 쓰는 나 자신은 수필가 조낭희 씨를 잘 모른다. 우연한 인연으로 몇 차례 얼굴을 대했을 뿐, 그이의 사유와 인식의 너비나 깊이에 나는 아직 도달하지 못하였다. 그럼에도 발문을 쓰는 것은 글에 담긴 진솔함 내지 성찰을 향한 투지 같은 것이 느껴진

탓이다. 때로는 화려하기도 하지만 조낭희 씨의 글은 우리가 뿌리 내리고 있는 일상과 맞닿아 있다. 그래서다. 그이의 글에서 사람 냄새 물씬 풍기고, 따사로운 마음씨가 느껴지는 까닭은!

이번에 출간되는 수필집에는 그이가 지난 10여 년 남짓 써왔던 글이 실려 있다. 대개는 여러 문예지에 실린 글이지만 새로 집필된 글도 여러 편 있다. 예전의 글에서 감촉되는 화려한 수사와 색채감이 조금은 단아하고 정갈하게 변화된 듯 보인다. 2001년 《대구문학》 겨울 호에 실린 「가을 단상」에 이런 문장이 나온다.

> "뒤꼍에서는 은행잎이 노랗게 차오르는 슬픔을 주체하지 못해 떨어지고 무심한 가을 햇살은 돌담 위에서 가파르게 졸고 있다."

「가을 단상」은 지리산과 실상사를 여행하면서 느낀 생각을 글로 풀어낸 것인데, 인용문에 나타난 색채감과 부사어의 활용은 놀랍기 그지없다. '노랗게 차오르는' 슬픔이라거나 '가파르게 졸고 있다' 는 표현이 그러하다. 슬픔을 노란색으로 표현하였는데, 그것이 차고 넘치다가 마침내 지상으로 낙하하는 것이다. 땅에 떨어지는 것은 은행잎이 아니라 지은이의 마음속에 자리한 노란 슬픔이다. 이것은 공감각의 전형적인 본보기다. 여기 더하여 돌담에 비치는

가을 햇살에서 가파르게 조는 기운을 포착하는 솜씨 또한 예사롭지 않다. '가파르게 졸다니?!'

「차나무와 삼나무」라는 글에서 뽑은 인용문을 보자.

> "설거지며 청소며 애쓴 흔적이 뚜렷하다. '저녁 먹지 않았으면 집 앞 식당으로 올 것.' 남편의 낯익은 글씨체에 눈이 가는 순간 주책없이 눈물이 흐른다. 그제야 시장기가 돈다."

남편과 불화했던 어느 일요일 집을 떠나 홀연히 전남 보성의 차밭으로 여로를 택했던 기억을 풀어쓴 글이다. 거기서 수필가는 키 작은 차나무의 차밭을 감싸고 의연한 자태를 선보이던 삼나무를 본다. 차나무와 삼나무의 조화로움을 보면서 그이는 대구에 있는 남편을 떠올리는 것이다. 보슬비 내리는 차밭에서 남편을 생각하며 가슴에 차오르는 충만함을 느끼는 여인이 조낭희 씨다. 철없는 중년여인의 객쩍은 반란이 마무리되는 장면이 인용문이다.

일요일 하루 자신이 완전히 결석했던 집안에 들어서는 순간 그이는 깨닫는다. 얼마나 소중하고 아름다운 삶의 터전인가, 이곳은! 남편의 노동력이 부가되어 반짝반짝 빛나는 집안을 돌아보다가 쪽지를 발견한다. 고등학교 시절 우리를 전율케 했던 수필가 김소운 씨의 글 「가난한 날의 행복」에 나오는 구절 '황후의 밥 걸인의 찬!' 그런 식으로 「차나무와 삼나무」는 중년부부의 짧은 반목과

아내의 소박한 탈출과 행복한 귀환을 그려내는 것이다. 여기서부터 글은 화장기를 버리고 맨얼굴로 우리에게 다가온다.

수필가 조낭희 씨의 글은 자신의 내면과 가족, 특히 할아버지와 아버지 그리고 남편과 친구에 집중되어 있다. 드물게 예외가 있는데, 「꽃은 젖으면서 핀다」는 글이 그렇다. 마치 도종환 시인의 「흔들리며 피는 꽃」을 연상시키는 제목이 아닐 수 없다. 후덕하고 인간적인 조낭희 씨가 몹시 괴로웠던 심사를 여과 없이 격정적으로 토로한 글이다. 6개월 정도 함께 일했던 여사원이 노동청에 제기한 부당해고 고소건과 관련된 치열한 글이다. 그이의 여느 글에서도 찾을 수 없는 격랑과 파도가 흠씬 느껴지는 글이다.

나는 「꽃은 젖으면서 핀다」 같은 글이 좋다. 자기반성과 세상에 대한 관대함 내지 지나친 자기긍정과 겸손함을 설파하는 밋밋한 글이 아니기 때문이다. 저 깊은 인간 내면에서 폭포수처럼 쏟아져 나오는 감정의 분출을 자제하지 않고 일필휘지로 써내려간 동력이 대견하다. 글이란 때로는 격정적이고 웅혼하며 파괴적일 수 있어야 한다고 나는 믿는다. 거기서 도달하는 인간관계의 어려움과 세상이치의 깨달음이란 얼마나 의미 있는 일인가!

> "아주 미안한 마음으로 하느님을 불러본다. 여전히 침묵뿐인, 까마득히 멀기만 한 그 하느님을 속절없이 불러볼 뿐이다." **「꽃은 젖으면서 핀다」**

글은 이렇게 끝난다. 허허로운 마음 달랠 길 없어 성당을 찾은 그이가 도달하는 마음의 평안과 달리 하느님은 아직도 멀기만 하다. 그이는 예의 바르고 깍듯한 사람이기에 영혼이 흔들리는 순간에도 오랜만에 찾은 하느님에게 미안한 마음을 가진다. 신은 도처에 편재하므로 미안하게 생각할 일은 아니라고 나는 생각한다. 여전히 침묵을 지키는 하느님이 언젠가 수필가 조낭희 씨에게 가까이 왕림하시기를 바라는 마음 간절하다.

조낭희 씨의 글을 관통하는 노선은 '바른생활 여성'이 아닌가 한다. 글의 말미에 공통적으로 들어있는 내용이 자기반성 내지 성찰에 기초한 아름답고 정갈한 생활을 향한 마음가짐이기 때문이다. 이것은 도처에서 나타지만 「침묵」에서 현저하다.

> "말을 많이 한 날에는 간단한 수화 몇 개라도 익혀서 찾아가고 싶다. 그리고 침묵 속에서 빛을 발하는 참다운 언어를 배워 오리라. 말보다 눈빛과 마음으로 이야기하는 사람. 구업을 짓지 않아도 되니 어쩌면 그녀는 나보다 훨씬 행복할지 모른다."

책방 앞에서 우연히 보게 된 호떡 굽는 여인. 그녀는 언어장애자였다. 그녀와 소통하면서 지은이는 말보다 눈빛과 마음의 교감이 훨씬 중요하다는 사실을 깨닫는다. 지은이는 언어의 발화가 아니라 침묵에 담긴 의미 혹은 자아성찰을 위한 자신과의 대화를 새삼 돌아다본다. 그리하여 수필가는 간명한 결론에 도달한다. 그것은 다변을 경계하고 침묵을 향해 나아가리라는 자세로 드러난다.

인용문은 「침묵」의 마지막 단락 일부다. 과연 그녀는 글에 등장하는 호떡 굽는 여인을 찾아갔을까. 수화를 정말로 몇 가지 배웠을까. 구업을 피하기 위해 수필가 조낭희 씨는 언어를 포기할 만큼 담대해졌는가. 언어장애자들이 경험해야 하는 그 넓고 깊은 절망과 패배를 헤아려 보았는가. 그녀의 글은 아름답고 섬세하며 대상을 따뜻한 눈길로 바라보는 장점이 있다. 반면에 대상이나 관계 혹은 인연의 중심에 언제나 자신을 위치시키고 바른생활 여성의 흐트러짐 없는 자세로 일관하는 범용성이 있다. 그런 까닭에 그이의 글은 잔잔한 감동과 기쁨을 선사하지만, 깊은 울림이나 성찰의 경지에는 아직 이르지 못하고 있는 듯하다.

서두에서 나는 "글은 곧 사람이다!"라고 썼다. 조낭희 씨의 수필을 읽으면 지은이의 자애롭고 화사하며 넉넉한 품새가 여기저기서 감촉된다. 아주 멋진 장점이다. 21세기 강퍅한 세상을 살면서 아직도 이렇게 따뜻한 마음씨를 가지고 있는 사람이 우리와 함께 살아간다는 사실이 경이롭게 여겨진다. 그래서 그이의 글은 우리에게 설득력 있는 것이다. 거칠고 황량한 세상에 버려졌다고 느껴질 때 조낭희 씨의 글은 감로수처럼 독자의 영혼을 달래줄 것이라 믿는다.

우리는 지난 10여 년의 글쓰기를 모아 서책을 출간한 수필가 조낭희 씨의 다음 행보를 기대한다. 조금은 더 치열하고 강렬하며 자신과 가족과 친구의 범주에서 벗어나 훨씬 너른 세상과 다채로운 사람들과 만났으면 하는 바람이다. 나날이 좁아져간다는 지구촌의 일원으로, 화성을 탐사하는 '큐리오시티' 우주선이 활발하게 작동하는 놀라운 시간대에서 재기발랄하고 딱 부러진 수필가 조낭희 씨의 정진이 더욱 절실하기 때문이다. 그녀의 앞날에 신의 무한한 보살핌과 축복이 함께하기를 기원한다.